俗文學二十講

民俗與節慶

林保淳 著

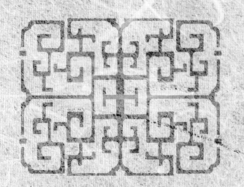

五南圖書出版公司 印行

序

從讀博士的年代開始，我便陸陸續續在報章、雜誌上發表若干有關中國民俗與文學、文化相關的文章。由於我預設的讀者對象是一般的民衆，因此雖亦是引經據典、言之有來歷，絕非一般道聽塗說、輾轉傳抄者可比，但多數都是以淺近而不失文雅的文字鋪敘成篇，而儘量避免長文考據、高頭講章的論文式寫法。我的想法非常簡單，就是想以「通俗化」、「普及化」的方式，將傳統中國文化中向來被忽視、誤解，或是知其然而不知其所以然的知識，廣傳於普遍大衆之中，讓民衆也能透過輕鬆而帶有趣味性的內容，了解到傳統文化的精妙內涵。幾十年來，斷斷續續而寫，居然竟也累積了近五十篇，高達二十萬字相關文章，這雖非什麼值得誇述的成就，甚至我也從來不願將之列入所謂的「著作目錄」中，但回顧以往，卻也頗爲沾沾自喜，還好當初「敢於」如此不務正業，擺脫學界斤斤於計較所謂「論文」篇數的牢籠，隨時走出象牙塔外，自得其樂。

自開始教書以來，我就一直以「通俗」爲我未來學術發展的重要目標，原因非常單純，因爲我就是一介俗人，對民衆喜聞樂見、食息與共的周遭事務，有太多太深的切身之感，所以迫不及待的想去探討、鑽研這些就活生生躍動於我的身邊，與我共生共長的通俗文化。因此，我敢於冒天下之大不韙，別闢蹊徑地展開通俗文學與武俠說部的研究，同時也將範圍拓展於相關的民俗、節慶的底蘊探討。屈指算來，我開設「武俠」和相關的「民俗與文學」課程，竟也有近二十年之久了。

身在學術圈，其實我一直在思考一個在我腦海中縈迴難去的問題，那就是，學術研究的目的何在？尤其是文史領域的學術研究，說實話，是比不得科技、經濟、農工等對社會具有積極而正面實效的領域，三十年苦讀，精心結撰了長短不等，自以爲是風雨名山之作的論文，究竟意義何在？講得悲哀一點，自己所寫的論文，所撰的書籍，有幾個人眞的用心讀過？我常想：許多人寫的博碩士論文，以及自以爲苦心孤詣才寫成的論著，有多少人眞的會用心看完？別看以後會有些論文可能引用那些著作中的三言兩語，但任誰都知道，不過用來當「啦啦隊」而已，最淒慘的狀況是，其實那些論文，極可能只有作者自己完全看過，因爲這是作者自己寫出來的。指導老師、口考委員，儘管給你高分通過，可也未必「眞的」全文通讀，更遑論其他人了。這樣的想法雖然消沉了些，其實也是對自己一輩子辛苦耕耘於學術園地的省思。

我自問只能在學界當個執鞭策駕的小角色，對若干實至名歸、影響深遠的學者、專家，是連附驥尾都談不上的。學養所限，才華攸關，也從來不敢妄想能成爲青雲之士。反而是我寫的一些「非論文」的小品，倒還眞的有些讀者深感興趣，讓我有不虛此文的深深感激。多年以前，我寫了一篇「年年有魚」的通俗文章，居然引起一位專門畫魚的老藝術家青睞，除了寫信感謝我這篇文章讓他獲得的啓悟外，還特地畫了「九如圖」、「雙鯉圖」贈送給我。畫功水平雖然未必能進入故宮典藏，但我寶愛非常，至今仍堂堂掛在家中客廳上。爲文能得知己，這是多令人欣慰感動的事！從此也堅定了必須「吾從衆」的信念。

近十幾、二十年來，常聽到有「科普」的呼聲，強調應將科學知識普及於社會大衆，以培養民衆對科學的興趣。我是非常贊同這樣的普及方向的。但是，爲何就沒有人強調人文學科事實上也可以「文普」呢？學者戮意戮力研究，成果斐然，但爲何沒有想過將個人研究的成果，改換成通俗易懂的文字，傳播給社會大衆知曉，而任由坊間許多的謬說、誤解，在轉相傳抄下，寖至成爲了「眞理」？

我不敢說我所寫的這些文章就絕對正確無誤的，但每篇文字的組構、完成，都是在遍查詳贍的資料後，才敢下筆的，許多持論，明顯與現在的觀念大相徑庭，但卻是有本有據的，例如清明節，我力圖扭轉時人將它視爲是個哀戚的節日，而強調自古以來有如「嘉年華」般的喜樂；「過年」，則指出「年獸」的「現代性創造」，凡此種種，雖不敢說是眞知灼見，但卻也能別開一扇窗，讓民衆能窺看到傳統文化包羅萬象且豐富精深的一面。

是的，我眞的就是在做「文普」的工作，而且也堅定的認爲，這將是我未來足以生死以之的重責大任。

感謝五南圖書出版公司願意出版我這本小書，儘管由於諸多考量，只能收入二十篇的文字，但對我卻是莫大的鼓舞，鼎嘗一臠，應可知味。更要感謝臺師大的同事明理兄爲我題字。

己亥夏月林保淳序於木柵說劍齋

目錄

01　節慶類

從「過年」看中國傳統民俗

在中國傳統民俗節慶中，「過年」是最受重視的節日。每逢「過年」，家家戶戶都忙著清掃門庭、整備酒餚、祀神祭祖，並張懸紅紫紛披的春聯、年畫，興高采烈的迎接這一個日子的到來。遠在他鄉的遊子，際此佳節，無論如何車馬勞頓，也都會千方百計趕回家鄉，與親人共度。大街小巷，龍獅起舞，鞭炮聲不絕於耳；紅男綠女，歡抃於道路之中。無論局勢如何艱困、生計如何窘迫，「過年」到了，總還是得整飭出一片國富民安、太平歡樂的景象。

南宋孟元老的《東京夢華錄》裡，記載了北宋年間汴京「過年」的盛況：

正月一日年節，開封府放關撲三日。士庶自早互相慶賀，坊巷以食物、動使、果實、柴炭之類，歌叫關撲（按，即賭博）。如馬行、潘樓街，州東宋門外，州西梁門外踊路，州北封丘門外，及州南一帶，結綵棚，鋪陳冠梳、珠翠、頭面、衣著、花朵、領抹、靴鞋、玩好之類，間列舞場歌館，車馬交馳。向晚，貴家婦女縱賞關賭，入場觀看，入市店飲宴，慣習成風，不相笑訝。至寒食冬至三日亦如此。小民雖貧者，亦須新潔衣服，把酒相酬爾。

在古代物資缺乏、人口不多的情形下，猶是此等繁盛熱鬧，在現代物質昌明、人口爆增的社會，如果眞要慶祝起來，恐怕更是百倍於此了，這點，我們從北京在過年時舉辦的各場廟會之萬頭攢動、人山人海的盛況中，可以略窺一斑。

過年，可以說是人人喜歡過，每年都在過的，尤其在童稚的心靈中，過年幾乎就是一切美好時光的代表，而隨著年齡的增長，距離也逐漸遙遠，彷彿那是個永遠已經無法再重溫的舊夢了。以此，我們在過年時，總是會多多少少的有些遺憾，覺得「年味」似乎越來越淡了。也許，年齡的增長、物資的充裕、社會的變遷及規範，都是扼殺「年味」的劊子手。年紀一大，外在社會冗沓的事物，如雪如霜般層層覆蓋了幼年時純眞無瑕的心靈，我們失去了感動、新奇及參與的心情及衝動；而不虞匱乏的物質生活，則使得過去唯有在年節才能享用、擁有的食品、零花錢，逐漸變得不希罕起來；人際關係的淡漠與疏離，使得互動互助的交往也越發不可能；而爲因應當代社會秩序的維護，過去年節時可以喧囂熱鬧、百無禁忌的燃放鞭炮、擺桌開賭的習俗，也多爲禁例所限。凡此種種，都使得年味隨著爆竹煙硝的離散，越遠越淡了。但是，什麼叫「年味」呢？我們夢想中、理想中的年，究竟該如何過？

從民俗的角度來說，一個節日的形成，是由時間慢慢積累、沉澱而來，且紮根於現實生活之中的，其中受到地理、氣候、歷史、宗教、民族性格等成素的影響，在儀典、禁忌及活動內容上可能會有所差異，但所謂「一道同風」，在約定俗成之下，寖漸形成共識，在同一個時間向度中進行類似的活動，節日就於焉而誕生。在此，時代的變遷所導致的生活形態變化，以及此一活動外在的宣傳、推廣，無疑是最具關鍵性的。因爲生活形態的轉變，許多過去曾一度盛行的節日，會逐漸喪失其流通性，如在唐代盛行的「人日」，明清以後就逐漸爲人所淡忘；而自先秦以來流傳頗廣的上巳、寒食，在唐宋以後，就逐漸與清明混融，迄今清明一枝獨秀，成爲「慎終追遠」的「民族掃墓節」。經過時間的淘洗、揀擇，中國傳統的節日，大抵集中在新年、元宵、清明、端午、中元、中秋、冬至七個大節日之上。

這一方面是因爲從文化的角度來說，這些節日都富涵著儒、釋、道三家的思想及文化精神，直到如今，仍然有其不可忽視的意義；另一方面，上從統治階層，下到民間社團，都曾經在這些節日中舉辦或宣傳過令人耳目一新、大開視域的熱鬧活動有關，如中元節，在南朝梁武帝時，曾大張旗鼓舉辦過「盂蘭盆會」，而隋煬帝更在元宵節期間，在京師會召諸國使節、集結官方和民間力量，隆重且盛大的舉辦過活動，《隋書》中曾記載「金石匏革之聲，聞數十里外。彈弦擫管以上，一萬八千人。大列炬火，光燭天地，百戲之盛，振古無比。自是每年以爲常焉」，其所受到重視可說是非比尋常的，是以能流傳至今，有若中國的「嘉年華」。換句話說，節日之所以能寖漸成爲公認的「慶典」，是有其內在的文化脈絡，具有可以「隨時而宛轉」的時代精神，且曾經在中國歷史上留下過顯赫輝耀的痕跡的。因此，我們若要探討中國人何以對「過年」如此重視，就非得從其「文化意義」上著眼不可。

中國人的時間概念

從文化的角度來說，中國人從「年」所衍生出的觀念，絕不是僅僅止於一個節日而已，反而具有非常深刻且複雜的意義，「表裡精粗無不到，全體大用無不明」的滲透到中國人的日常生活當中。基本上，「年」首先是一個時間的概念，無論是作爲量詞來說的「一年」，或由之而引伸出來的「年度」，指的都是從正月到十二月，總共約三百六十五又四分之一天的時間長度。從現代科學的角度來說，這是地球環繞太陽由西向東旋轉一周（公轉）所耗費的時間。由於地球的軸心偏斜了二十三點五度，且地球本身會自轉，地表受太陽照射的角度有直射和斜射的不同，因此就有冷熱不同的四季及晝夜的區別。這點，受過現代教育的人大抵都是非常清楚的。不過，在中國古代，與這「年」字相關的問題，事實上比我們現今所知的要複雜許多。中國古代對「年」的思考，是混融著哲學、陰陽五行之學、科學爲一的，體現了中國特有的「天人合一」思想，是不能不細加考究的。

陰陽合曆下的「年」

從哲學的角度來說，中國人強調「天」與「人」是密不可分的，天體的運行，主要由日、月、星三光主導，而人居於地球之上，無論任何舉措，都冥然與之應合。「年」這個時間概念，細分之下，有季、月、節氣、候、旬、日、時辰、刻等細項，有時還會用更、鼓、柱香、頓飯、盞茶等，簡說如下：

年：三百六十五日。

季：春夏秋冬四季，每季三個月。

月：一年十二個月。

節氣：一年二十四節氣，一個月二節氣。

候：七十二候，一節氣三個候，一候五日。

旬：十日。

時辰：一日十二個時辰，二十四小時。

刻：一日百刻，約十四點四分鐘，清代以後受西方曆法影響，改為一日九十六刻，一刻十五分鐘。

更、鼓：夜間自戌時起算，共五更，或稱五鼓，一更鼓等於一時辰。

杜香：燒一根香的時間，約一小時。
頓飯：吃一頓飯的時間，約三十分鐘。
盞茶：喝一盞茶的時間，約十五分鐘。

佛教東傳，佛家有其計算時間的方法，如《僧祇律》上說：「二十念爲一瞬，二十瞬名一彈指，二十彈指名一羅預，二十羅預名一須臾，一日一夜有三十須臾。」至於時、分、秒的觀念，是已晚到清末民國初了。古代生活節奏緩慢，不像現在的分秒必爭，因此在時間的區劃方面，時辰以下，最多用到刻，很少有分、秒的觀念。基本上，以日爲核心發展出來的是年、季與節候，以月爲核心開展的是月與日。由此而言，中國人的曆法是屬於「陰陽合曆」的。

所謂的「陰陽合曆」，指的是一方面顧及地球繞日時間的三百六十五日，一方面又配合月亮出沒的周期，分十二個月。一般以爲中國所用的是「陰曆」，即「農曆」，其實是錯的，中國傳統既用陰曆，如過年、元宵、端午、中元、中秋等，都是依陰曆訂下的節慶；但也兼用陽曆，如二十四節氣，其中的民俗節慶主要有清明與冬至。但農曆每個月大月三十天、小月二十九天，推算下來，一年不足三百六十天，因此就有「置閏」的方式，以三年一閏，五年二閏，七年三閏，十九年閏七次，作爲循環，以補足三百六十五日。但置閏的方式，是「無中置閏」，這裡所謂的「中」，指的是每個月兩個節氣中的第二個節氣，如秋季時有立秋、處暑、白露、秋分、寒露、霜降六個節氣，其中立秋、白露、寒露叫

「節氣」，處暑、秋分、霜降叫「中氣」，以西元二〇一四年陽曆來說，從十月二十四日，一直到十一月二十一日，共二十九天，是小月，但中間只有十月八日一個「寒露」的「節氣」，沒有「中氣」，因此就在此時間內「立閏」，多了一個九月，成爲「閏九月」。因此，中國人基本上是用「陰陽合曆」的。

中國人如何「紀年」：「建元」與「建正」

對三百六十五日這麼一個長的時間範疇，中國古代的稱呼是不一樣的，《爾雅・釋天》說，「夏曰歲，商曰祀，周曰年，唐、虞曰載」，各有命意。但是，誠如屈原《天問》中所說，「遂古之初，誰傳道之」？究竟時間是從何時開始起算的？今人所通用的「公元」，其實是西方的曆

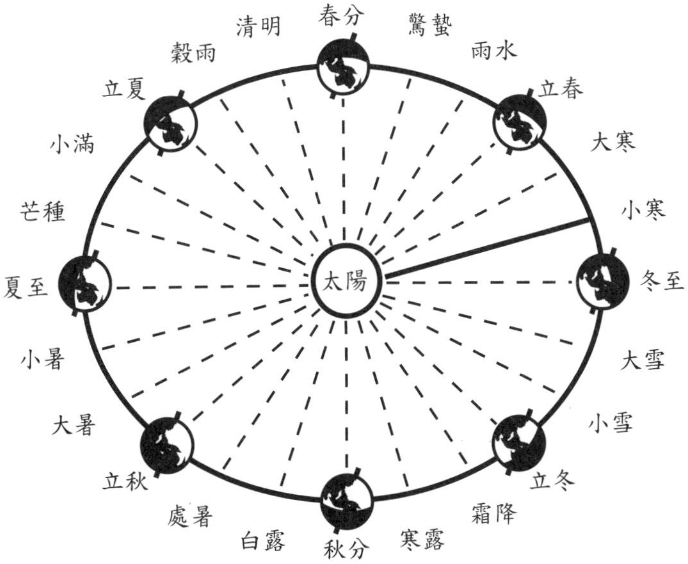

二十四節氣與太陽關係圖

法，以耶穌出生的那一年當「公元元年」，標識的方法是以BC（Before Christ）代表耶穌出生以前的年代，以AD（Anno Domini，主的年份）代表其後的年代。但耶穌到底生於哪一年，其實是有異說的，但約定俗成，就成為如今世界的通曆。中國古代是以「干支紀年」（包含了年月日時）的，從甲子年到癸亥年，六十為一個周期，從上古一直延續到現在。以西元二〇一六年來說，是「丙申年」，由此逆推，可以上溯無限，公元元年，就是西漢平帝元始元年（辛酉）。但中國古代紀年似乎更看重君王在位的時間，如《春秋》中就以魯隱公元年開始，而終於魯哀公十四年。到漢武帝即位，則開始有年號（建元），以後大抵援為定例。但各朝皇帝的「改元」（即改換年號），相當隨性，在明朝以前，一個皇帝通常有兩個以上的年號，如漢武帝在位五十多年間，有十一個年號，唐代武則天在位二十一年，就有十八個年號。直到辛亥革命成功，才廢除年號，而以民國紀元，到一九四九年，則改採世界通行的公元紀年。不過，也有些人堅決主張應該以中國的方式紀年，而有所謂的「孔子紀元」（孔元），這是由清末康有為提出的，但使用者不多；又有「黃帝紀元」（中元），由劉師培、章太炎等人倡導，民國建立後，孫中山就曾宣布以黃帝紀元，以黃帝四六〇九年十一月十三日為中華民國的元旦。據此推算，西元二〇一六年，應是黃帝紀元四七一三年。不過，由於黃帝究竟出生於何時，也是眾說紛紜，以此紀元，莫衷一是，目前大多以西元年份加上二千六百九十七為黃帝年。

歷代皇帝，除了「建元」外，「建正」也是一件大事。在一年循環中，究竟以哪一個月開始起算呢？中國古代將一年劃分成十二個月，以地支「子丑寅卯辰巳午未申酉戌亥」為序，子月相當於農曆的十一月，所謂的「建正」，就是指以哪一個月當一年的開始（歲首），古代有「三正」的不同，夏代建寅、商代建丑，周代建子，漢武帝元封六年，在司馬遷等史官建議下，頒布了《太初曆》，以寅月（農曆一月）爲歲首，稱「正月」，當作一年的開始。因爲是延續夏朝曆法，所以農曆又稱爲「夏曆」，直到目前仍然通用。

「歲星」紀年與「太歲」、「生肖」

不過，除了日與月外，星辰在中國古代也被用來作紀年的方式，據《爾雅》說，夏代人將年稱爲「歲」，此一「歲」指的是太陽系九大行星中的「木星」。但此說是否經得起考證，恐怕還有商榷餘地。在殷商甲骨文中已有「歲」字，但「歲」是不是指木星，就有不同的看法。據目前所知，至少在春秋、戰國時期，仍流行以「歲星」紀年，如《左傳》就有「歲在星紀，而淫於玄枵」的記載，古人將周天（即黃道面）分爲「十二次」，從「星紀、玄枵」到「大火、析木」等十二個不同範圍，以木星所在的位置來判定年份，十二年一個周期。木星是太陽系行星中體積最大、光度僅次於金星的星體，因此可以目測得到，用以紀年，自是非常方便。但是木星在天運行的「回歸周期」是三十一度，三百九十八點八八日，如以十二年爲單位，每隔八十六年就會差一年，因而造成誤差。因此，戰國時期的天文學家就發明了一個叫「太歲」的虛構星體，此一星體，運行方向與木星剛好相反，是由東向西轉（右旋）的，一周天被分爲十二等分，太歲運行一周，就是十二年，每一年各有專名，《爾雅》中說「太歲在寅曰攝提格，在卯曰單閼，在辰曰執徐，在巳曰大荒落，在午曰敦牂，在未曰協洽，在申曰涒灘，在酉曰作噩，在戌曰閹茂，在亥曰大淵獻，在子曰困敦，在丑曰赤奮若」（歲陰），就是指此而言。戰國時的楚國大詩人屈原，在《離騷》中自述其生平時，說「攝提貞于孟陬兮，惟庚寅吾以降」，就是說他出生的時間是在太歲居於「攝提格」的那一年（據考證，是楚宣王二十七年，西元前三四三年）孟春正月庚寅那一天。此外，《爾雅》還有另一種「歲陽」的紀年方式，和「歲陰」分別以天干和地支加以定位，圖示如下：

天干	歲陽	地支	歲陰
甲	閼逢	子	困敦
乙	旃蒙	丑	赤奮若
丙	柔兆	寅	攝提格
丁	強圉	卯	單閼
戊	著雍	辰	執徐
己	屠維	巳	大荒落
庚	上章	午	敦牂
辛	重光	未	協洽
壬	玄黓	申	涒灘
癸	昭陽	酉	作噩
		戌	閹茂
		亥	大淵獻

十天干和十二地支互配，剛好與古代甲子紀年的方式重合，因此後人便將陰陽合併爲一，如甲子年，就稱爲閼逢困敦之年，今年丙申，就是柔兆涒灘之年，如今還有許多書畫家，在題款的時候，採用這種古法紀年。

以歲星紀年，衍生出太歲的觀念，在中國古代星占文化中有很深遠的影響。蓋中國人仰觀天象，俯察地理，以人居天地之間，冥冥然皆與上天星宿相呼應，星體及其位置，往往與人的吉凶休咎相關。凡是天有異象，如客星（彗星、新星、超新星）侵犯了原有的星群領域，必然與人間的跡象相符應，如東漢時嚴光與光武帝同臥，嚴光睡時不慎將腿橫跨於光武身上，第二天，太史便上奏說是「客星犯御座」；而天上諸星，於世間有大事發生時，也會降生人間，爲善或爲惡，如許多說部中都甚爲強調的「文曲星」、「武曲星」下凡輔佐明主，《水滸傳》中洪太尉誤走妖魔，導致天罡地煞一百零八個星宿下凡

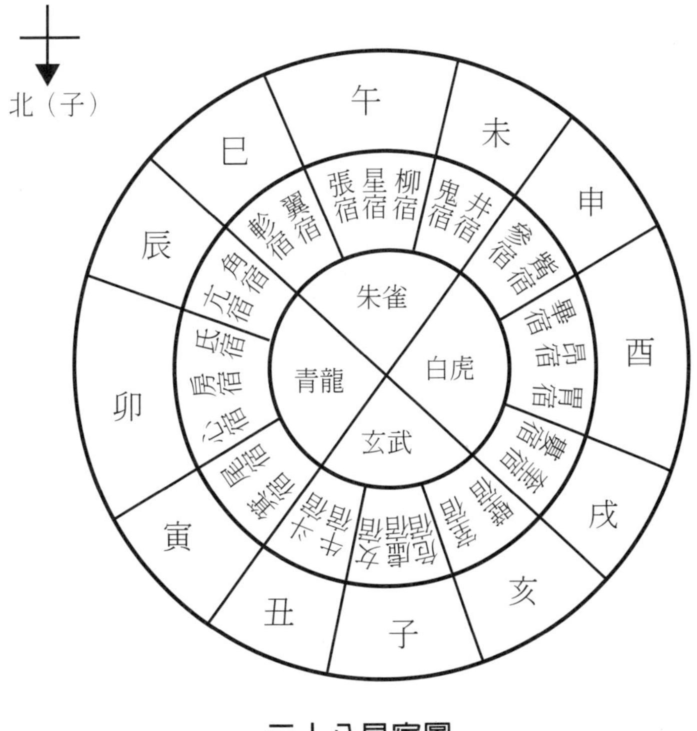

二十八星宿圖

爲惡。中國古代將天體分爲四個象限，而二十八個星宿依十二年時序各就其位，人的出生年與之相應，再加上月、日與時，這就形成了民間以星體算命的「紫微斗數」的基本原理，其中的紫微等十四個主星，基本上都是仿「太歲」而虛構的。此說雖頗有迷信之嫌，但是在民間擁有非常多的信衆，和八字、姓名學並列爲當代三大命理學說。

「太歲」雖是虛構的星體，但自戰國以來，就以爲其中有吉凶隱然潛伏於其中，而有「犯太歲」的趨避方式。「太歲」由於十二年循環一周，每一年就象徵著一個新的階段，是尊貴、威嚴而吉利的，侵犯不得，「面之則凶，背之則吉」，凡當年者（正沖）或正面對向者（對沖），都必須小心規避，否則就是「犯太歲」，將會發生災禍。據星命學家的說法，凡是太歲所沖者，謂之「歲破」，「其地不可興造、移徙、嫁娶、遠行，犯者主損財物及害家長」，唯有戰伐之事爲吉（因爲從對陣雙方而言，我方是背對太歲，而敵方是面向太歲的），故俗話有「太歲頭上不能動土」之說。

「太歲」到六朝時從星體轉爲星神，有十二星神之說，後來就以干支互配，衍生出六十位太歲神之說。六十位太歲，各有名稱，但說法不一，目前流行的是清代中葉全眞道龍門派道士柳守元所說的六十尊神，至今北京白雲觀元辰殿中猶有六十尊太歲神塑像。這六十位太歲，據說有一位「總管殷郊元帥」統率，他本來是北極眞武大帝轄下的「大威力至德元帥」，後來在元代《三教搜神源流大全》中被描寫成是商朝紂王的太子，明代流行的通俗小說《封神演義》，更衍生出一段精彩的故事，說殷郊在母親姜皇后被害後，遭到妲己的追殺，而爲廣成子所救，並教導他法術，學成後要他下山助周滅商，並立下誓言，如有違背師命，將受犁耕而死。殷郊攜帶寶貝「翻天印」等下山，聞得其弟殷洪慘死，又在申公豹的策反遊說下，反而助紂爲虐，後來爲姜子牙及燃燈道人所敗，在岐山應誓言而死於犁鋤之下。

不過，在「歲破」的觀念下，殷元帥的崇祀並不普遍，民間反而更看重六十位太歲神，在近代，流行於臺灣、香港等地，每逢某一太歲值年，當年生者及對沖者就必須「安太歲」，到廟宇請回符籙祭拜，或由廟方代爲供祀，以祈求一年的平安。

地支往往與「十二生肖」匹配，原本非中原所有，大約是從北方遊牧民族傳來的紀年方式，在秦代開始見

傳統剪紙藝術中的十二生肖

於記載，在出土的《放馬灘秦簡甲・盜者篇》中已可看到「鼠、牛、虎、兔、蟲、蛇、馬、羊、猴、雞、犬、豕」等十二種生肖，其中的「蟲」，後來衍化成「龍」，與地支互配，就成了「子鼠、丑牛、寅虎、卯兔、辰龍、巳蛇、午馬、未羊、申猴、酉雞、戌狗、亥豬」，今年丙申，就是猴年，在民間影響非常深遠，寖漸成爲象徵當年的吉祥物。同時，也流傳著有關其來源的「上帝命動物比賽名次」的故事。生肖是民間最爲人所熟知的紀年方式，清代的圓明園，雖是仿照西方宮殿式的建築，但卻也羅列了十二生肖的獸首，可見得其影響之深遠。

從文字起源說「年」

中國民俗所謂的「過年」，在時間上是相當寬泛的，最寬的是從臘月八日起算，到昱年正月十五的元

圓明園遺跡

宵節（有時還推延三至五日），長達一個多月；稍緊一點的，則自臘月二十三爲灶王爺「祭灶」起，到隔年元宵，也有近三周的時間；通行的界定，多數從除夕開端，到正月五日「開工」止（相傳這是武財神玄壇眞君趙公明巡遊天下的日子），一共六天。在這段期間，士農工商百業休息，唯獨飲食、百貨、表演業者，趁此時機，大發利市。基本上，在傳統農業社會中，從開春到十五、六，都是以「賦閒」爲主，而藉此聯絡親誼、團聚家屬。臺灣有一首民謠〈新年歌〉說得很有趣：

初一早、初二早、初三睏到飽。
初四頓頓飽，初五隔開，初六挹肥。
初七七元，初八完全。
初九天公生，初十有食食。
十一請子婿。
十二查某子返來拜。
十三食暗糜配芥菜。
十四結燈棚。
十五上元暝。
十六拆燈棚。

儘管因中國地大物博、風土各異，年節的習俗和時間有古今及地域的小部分差異，如這首歌中出嫁女兒及女婿「回娘家」的日子是正月十一、十二兩天，但目前臺灣則流行「初二回娘家」，而大陸各地，「回娘家」是農曆二月二日，俗稱「龍抬頭」的時間；自漢代以迄唐代，初七「人日」是一個非常重要的節日，有「七元節」之稱，相傳初一至初八，分別爲「雞、狗、豬、羊、牛、馬、人、穀」的生日，當天要吃由七種菜蔬調製的「人日羹」，但此一習俗到現在已完全退出節日舞臺了。

年的本義

但是，什麼叫做「年」？我們不妨從「年」這個字說起。衆所周知，中國文字的演變，從殷商甲骨文、周代金文、秦漢小篆、隸書到漢代以後的楷書、眞書、行書、草書，有幾千年的發展歷史，字體代有不同，而意義則始終一脈相承，「年」字的歷代字體演變如下：

甲骨文		甲二八二七
金文		衛盉
		頌鼎
篆文		說文解字
隸書		馬王堆帛書
楷書		元倪墓志
		顏真卿
行書		文徵明
草書		張旭
標準宋體	年	印刷字庫

據東漢許慎的《說文解字》說，「，穀孰也，从禾，千聲。」在此，許慎以《左傳・宣公十六年》中的「大有年」爲據，其義是指穀物豐收，「千」字在此兼具聲與意，即爲「多」的意思。許慎對「年」的字義解釋是正確的，因爲《穀梁傳》也說「五穀皆孰爲有年」、「五穀皆大孰爲大有年」。不過，在字形上恐怕就有點問題了，在甲骨文和金文中，無論是「」或「」，「年」字的下面都是从「人」而不从「千」，從字形上看，是一個人背負或頂戴著稻禾的會意字，用以表示將收成的穀物搬運回家。古代穀物一年一熟，因此後來就以「年」字來代表時間了。不過，同樣是認爲「年」是由「人禾」二字會意的，也有學者持另外的論點，如中國學者許暉、日本學者白川靜等，都強調「年」字其實與古代的祭典有關，是穀物豐登後的一種敬天祭典，用以感謝上天，並祈禱來年的豐收。他們認爲「人」字形上的「禾」，應是祭祀進行時，師巫頭上所戴的稻禾形（或直接插上稻禾）的配飾。此說也頗爲有理，蓋中國人向來敬天法祖，但凡人間有任何成就，都會感戴上天或祖宗的恩賜與庇佑，時值豐收之際，以盛大的祭典表示感激，也是合於情理且於史有徵的，如《詩經・周頌・豐年》中就記載著：

豐年多黍多稌，（豐收之年，小米和稻子眞多呀）
亦有高廩，（充實了我們高大的米倉）
萬億及秭。（裡面有數以億計的糧食）
爲酒爲醴，（我們製造了多種美酒）

烝畀祖妣，（用來呈獻給我們的祖先）
以洽百禮，（並同時舉辦了各種慶典）
降福孔皆。（祈禱著上天賜給我們無比的福運）

豐收之年獻祭，在許多少數民族中是項重要的慶典，臺灣的阿美族在每年陽曆七、八月間，也都舉辦爲期七天之久的「豐年祭」（日據時代稱爲月見祭）；大陸湘西、鄂西一帶的土家族，在正月十五日「調年會」時有慶豐收的「茅穀蘇」（毛古斯）祭典，以集體舞蹈的儀式進行，參與者身體周遭都以稻草把綑縛，頭頂著由稻草所編的尖頂草帽，帽頂伸垂出五根草辮，象徵垂實累累的稻穗。此一形象，幾乎等同於「年」字的字形，可謂是「活化石」。

無論是從造字的原義，或是從今古各民族的不同習俗而言，「年」字所代表的毫無疑問是屬於感恩、歡欣且饒富對未來美好期盼的意義，以此，我們可以用來檢視現今所流行的「年獸」傳說，是如何扭曲、違反了傳統民俗精神的。

「年獸」的傳說

在有關「過年」的傳說中，「年獸」是最引人津津樂道，且影響廣遠的。不過，「傳聞異辭」的現象也非常明顯，據網路流傳的許多「年獸」傳說來看，其基本的故事架構，大抵如下：

在遠古的時候，深山或深海中，有一隻長相獰惡、稟性兇猛的野獸，名喚曰「年」，經常在歲末或年底的時候，出來擾亂人間社會。但此獸雖然兇悍，卻有畏怖紅色、火光及強音的弱點，因此人們在年獸出來的時候，就穿上大紅的衣服，在門戶上貼上朱紅的布條或色紙，升起爐火，並燃放鞭炮，用來驅趕。等到年獸被驅逐之後，大家才鬆了一口氣，互道「恭喜」，以慶賀過了「年」這一劫。

在這傳說中，「年」無疑是個象徵艱難、窒礙的「關卡」，而「過」在此被當具有「歷劫歸來」意義的動詞，相當符合俗話所說的「年年難過年年過」之意。的確，對許多窮困拮据的人而言，無論是「過年」時應整備的許多食物、節禮，或是應償還的債務，在此之前都必須有個交代，以嶄新的面貌開啓未來的一年，這也暗合了「除舊布新」的涵義。

「年獸」傳說不知起於何時，遍考古籍，都未見有類似的傳聞，極可能是現代人發明創造的。但是，此一傳說，卻完全扭曲了中國古代對「年」的看法。

從內容加以分析，「年獸」傳說包含了幾個值得觀察的特點：

(1) 年獸是上古野獸。但具體的時代是從缺的，沒有任何一個人、一篇論述敢斷定其時代。

(2)年獸是相貌猙獰、稟性兇惡的，常於歲末出沒，對人間造成傷害。有關年獸的描述，多半描繪成頭具獨角、狀如獅子，血盆大口、尖牙森森，彷彿要擇人而噬的樣子。無數的畫冊、繪本、卡通、電玩遊戲，大多都以此造型創塑其形象。

自商、周以來，凡是於人類有害的異類，都被描繪成相貌猙獰的，如普遍見於商、周各種彝器的「饕餮」，就是其中之一。據《左傳》所載，饕餮原爲堯時的「四凶」之一，《史記・五帝本紀》說他是「縉雲氏之不才子」，「貪于飲食，冒于貨賄，天下謂之饕餮，天下惡之」，故被堯流放到邊疆之區，「以御魑魅」。因此，後來便以「饕餮」二字作爲窮兇極惡者的代稱，《呂氏春秋・先識》說，「周鼎著饕餮，有首無身，食人未咽，害及其身，以言報更也。爲不善亦然」，認爲周代青銅彝器上刻意雕鐫饕餮紋飾，是有警惕時人不可爲惡，應引饕餮爲戒的用意。不

商代青銅尊上的饕餮圖紋

過，此說是否正確，可能可以商榷。饕餮固然是凶惡之人，但俗話說「惡人自有惡人磨」，因爲有其「以暴易暴」的能耐，故堯也沒有殺他，反而讓他到邊疆去抵禦「魑魅」。中國傳統民間的信仰，往往有此特性，這應與上古圖騰文化相關。李維斯陀曾經以「鴉兔混一圖」說明傳統文化的兩面性，是很能指出這一特性的。

饕餮是商周代青銅器上常見的圖案，有兩隻角、一雙巨眼，下口橫生牙，臉部旁側茸毛叢生，頗類於獅子，其造型與今人所繪的年獸，除了是「獨角」（傳統文化中的麒麟、狻猊都是獨角）外，大體相同。其「狀如獅子」是值得注意的。

據查考，獅子活動範圍約在非洲熱帶雨林以南及中、南亞一帶，中國本土是沒有

這是鴨子還是兔子？

的，故先秦古籍中並無獅子的相關記載，漢代始有之，見於荀悅的《漢紀》，是去長安一萬五千三百里外的「烏戈國」（約在今阿富汗附近，和《三國演義》中孟獲所借兵的烏戈國不同）產物，應是漢武帝開通西域後，從中亞或印、巴傳來的。

不過，就在東漢的時候，獅子就和麒麟一樣，成爲「守護神」的吉祥徵兆了，如《水經注》裡就記載著有東漢邑長尹儉的墓側，有兩石闕，闕南有二石獅子相對；葛洪在《抱朴子．祛惑》中更盛言昆侖仙境，其中有「神獸，名獅子辟邪」。其後佛法東來，文殊菩薩的座騎爲獅子，更使得獅子進一步成爲宗教意涵深刻的神物，而在後代，則常於廟宇、豪宅前雕塑，用以守護並展現威儀。《紅樓夢》中，賈府的大門前，就立有兩尊石獅子。

金門風獅爺

大陸沿海閩、廣二省，民間流傳「風獅爺」，或站或蹲，多半座落在迎風的村口，據傳有鎮厭風暴的效果，在金門島上，至今仍有六十多尊存留；臺灣臺南的安平，則有在家宅牆面雕塑「劍獅」，用以避邪、鎮煞、祈福，形成饒富特色的「劍獅文化」。傳統民間往往視獅子爲吉祥物，蓋可以驅邪避凶之故，這在春節應景的年畫中常可見到，從圖示中可見，無論是風獅爺、劍獅，或年畫中的獅子，造型眞的與年獸差不多，唯獨頭上無角，如是而已。在傳統春節中，舞龍、舞獅是過年非常重要的表演活動，想來當初的創造者，是從過年的舞獅中汲取靈感而得的，但是可能忽略了獅子在中國傳統文化中的意義，因此錯將年獸想像成吃人的野獅，反而悖離了傳統的「過年」精神。

(3) 年獸所畏怖紅色、火光及強音，這是他的弱點。從動物的習性來說，畏懼火光、強音，事實上是共通的特性，從載籍上看，六朝時

安平劍獅

的《神異經》中就記載了「山臊」（山魈）「人以竹著火中，烞熚有聲，而山臊驚憚遠去」的傳聞。《荊楚歲時記》則記載了當時的習俗，「正月一日，是三元之日也，春秋謂之端日，雞鳴而起，先於庭前爆竹，以辟山臊、惡鬼」，可以說是其來有自。但對顏色敏感，則恐怕純屬臆測，許多人因西班牙鬥牛士用紅布激怒鬥牛，誤以爲牛畏懼紅色，事實上牛是色盲，只看得見深色系，就是用黑色、綠色布搖晃，一樣能激怒牛隻。在傳統中國，紅色象徵尊貴、喜慶的淵源，大抵可以推溯自周朝，

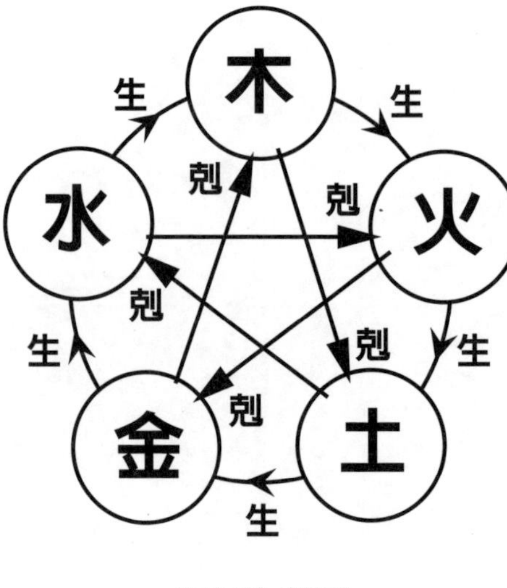

五行生剋圖

依照戰國以來「五德終始說」的觀點，周是「火德」（一說木德，當時的陰陽家之流在認定五德時，常是隨己意而定的，且相生相克代續，各有其說，相當混亂），故《白虎通》說「周尚赤」，並有文王時曾得到「赤烏符」的傳說。不過，到春秋時期，以紅爲「正色」已經開始有鬆動的跡象了，所以孔子會說「惡紫之奪朱也」。秦統一六國，自謂繼承周德，水能克火，故爲「水德」，色尚黑。漢興以來，高祖有「赤帝子斬白帝子」的傳說，且自認繼周不繼秦，以周爲「木德」，故由木生火，色尚赤，但因爲陰陽家理論不同，頗有異趣，直到文帝即位，

才正式定爲火德、尙赤，趙飛燕被後人目爲「禍水」，正因她足以滅火。因此，大抵從漢代以來，紅色就是吉祥、喜慶、尊貴的象徵，每逢年節，家家戶戶披紅掛彩，就是春聯，也是以紅底黑字張貼，正導源於此。正因爲是喜慶、歡樂，因此鑼鼓交鳴、聲音震耳，朱紅耀目、火光騰燄，到鞭炮發明之後（應已晚至宋代），更是響徹街閭，爲過年的喜慶生色不少。年獸的創造，基本上正是從這樣的背景中產生的。

從整個年獸傳說中，我們可以發現，深藏於「年獸」傳說背後的觀念，是出於對「年」的恐懼，這與我們傳統「過年」的歡樂、熱鬧、期盼心境，完全是大相徑庭的；而其創造的模式，顯然是假借了傳統過年中的各種慶祝儀典、活動「後設」出來的。據此加以推論，「年獸」傳說應該是現代人的產物，以筆者的經驗而言，在西元一九七〇年以前，都未曾聽聞過此一傳說，其後逐漸滋生、衍廣，到目前也有五十年以上的歷史了。

民俗學中有個非常重要的概念，一直都未受到應有的重視，那就是，所謂的民俗傳統，固然有其淵遠流長的歷史發展，但推溯起源，往往是種「偶然」，而這「偶然」的生發，卻是饒具創造性意義的，在年淹代遠之後，如果還能爲人所共同接受，就成了傳統。以中秋節爲例，臺灣近二十年來，都習慣了「中秋烤肉」的活動，每逢中秋，街頭巷尾，常見居民就在道路兩旁或門口、公園中，擺開炭爐，就地燒烤肉類、海鮮、蔬菜等食材，以大快朵頤，甚至，地方政府還特別舉辦人潮絡繹的「萬人烤肉大會」；但是，衡諸其他華人地區，卻未聞中秋活動中有此內容。然而，焉知數十百年之後，烤肉不會是中秋活動中的「傳統」？

因此，我們面對此一嚴格說來是違扭傳統觀念的「年獸」傳說，似乎也不必急於遽加否定，這不僅是「年獸」傳說豐富的創造想像力，足以讓人動容，而其中所孕育滋生的文化創意，更是非常值得我們關注的。傳統習俗每隨時代變化而變化，不可否認的，將「年」視為難關，而對「過年」之後的否極泰來，寄予無限的厚望，這不也符合我們「過年」講究「除舊布新」的意義嗎？

古典小說中的元宵節

美國漢學家蒲安迪（Andrew H. Plaks）曾經指出：中國古典小說對「節令」的描寫，大有將之視爲「一種特殊的結構原則的地步」①，並扼要列舉了「四大奇書」和《紅樓夢》爲例以說明。其中蒲氏更特別發現到「元宵節」此一節日的重要性，認爲這是中國古典小說中時間布局的一個特點。

的確，蒲氏的觀察是非常具有洞識力的，中國古典小說對節令的安排，往往具有特殊意義，正如他藉《金瓶梅詞話》中幾個主要人物的生日觀察到的，潘金蓮在春節期間（元月初九）、李瓶兒在元宵節、吳月娘在中秋節，以及西門慶在夏季季末（七月二十八日）；每逢生辰，都有非常隆重的賀壽場面，而作者如此的巧妙安排、精心設計，毫無疑問的就已藉此時序流轉，撐起了《金瓶梅詞話》的大多數情節架構，其間自然不無深意焉。但是，蒲氏或許並未注意到，「節令」雖然是時間性的，但在中國

① 見蒲安迪（Andrew H. Plaks）：《中國敘事學》（北京：北京大學出版社，一九九六年），頁八十一。

人的觀念中，卻已隱含著相關的空間概念，繫聯著許多場景（scene），可以說是探討中國古典小說時空布局最佳的切入點。本文即擬以「元宵節」為中心，探討「元宵節」此一節令在在傳統習俗中的時、空意義以及在整個中國古典小說中的運用模式及開展。

「元宵節」（festival laterm）是中國傳統的民俗節日，其源始應與古代元旦朝會的「庭燎」②有關，東漢到六朝時就有正月十五張燈之舉③，陳朝開始大規模結紮「燈山」④；此時期又結合了民間

---

② 《詩經・小雅・庭燎》：「夜如何其？夜未央，庭燎之光。君子至止，鸞聲將將。夜如何其？夜未艾，庭燎晣晣。君子至止，鸞聲噦噦。夜如何其？夜鄉晨，庭燎有煇。君子至止，言觀其旂。」所謂「庭燎」，即夜間為照明而燃燒的火炬。這是一首夜間君臣朝會、誇美君主車駕威儀的詩篇。詩中未言及聚會的時日或具體的典禮，但據《周禮・秋官・司烜氏》云：「司烜氏掌以夫遂取明火於日。以鑒取明水於月。以共祭祀之明齍、明燭，共明水。凡邦之大事，共墳燭、庭燎。」所稱「以鑒取明水於月」，可知必在月圓之時。依《周禮》下文又有「中春，以木鐸修火禁于國中。軍旅，修火禁。邦若屋誅，則為明竁焉」看來，應該就是初春的正月十五日。以此而言，正月十五日有夜間燃庭燎聚會之舉，早在周代即已成為典禮之一。

③ 《宋書・禮一》引魏代王朗所說的「故事」（即舊例）中，有「正月朔，賀。殿下設兩百華燈，對於二階之間。端門設庭燎、火炬，端門外設五尺、三尺燈。月照星明，雖夜猶晝也」之語，庭燎、燈火兼具，雖於元旦舉行，但極可能延伸到十五。南朝梁簡文帝有〈燈賦〉一文，云「何解凍之嘉月，值蓂莢之盛開。草含春而色動，雲飛彩以釋來」（《漢魏六朝百三名家集・梁簡文帝集》），正月解凍，而蓂莢朔日開花，望日而盛，故可知此詩描寫的是正月十五日的燈景。

④ 宋人蒲積中所輯《歲時雜詠》卷七中，收入陳後主〈宴光壁殿遙詠山燈〉、〈三善殿夕山燈〉二詩於〈上元古詩〉中，有「雜桂還如月，依柳更疑星」、「依樓雜度月，帶石影開蓮」之句，紮燈如山，規模很大。

「迎紫姑」⑤的信仰及北朝的「相偷」、「打簇」⑥之戲，到隋初已形成熱鬧喧闐的一項慶典活動。隋文帝雖一度禁止，但隋煬帝爲誇示富饒，又變本加厲，納入佛教「燃燈」之舉及民間百戲，遂相襲成風，唐代流衍未息，開始使用「元宵」一詞，而於宋代以後蔚爲大觀，明清時期達到鼎盛的地步⑦。

「元宵節」儘管在字面形式上曾經有過「上元（節）」、「燃燈（節）」、「元夕」、「燈節」、「元宵（節）」等不同的變化，但所指涉的內容卻是非常明確的——農曆正月十五日，或者前後各延伸二日，正月十三日到十七日。

---

⑤「紫姑神」的傳說首見於宋朝劉敬叔的《異苑》，梁朝吳均的《續齊諧記》、宗懍的《荊楚歲時記》都有記載，是當時民間於正月十五日流行的祭門戶、卜蠶桑的祀典，後來在元宵節中也成爲重要的民俗之一，故熊孺登〈正月十五夜〉詩有「紫姑神下月蒼蒼」、李商隱〈上元夜聞京有燈恨不得觀〉詩也有「身閑不睹中興盛，羞逐鄉人賽紫姑」之句。

⑥《魏書·孝靜帝紀》云：「四年春正月，禁十五相偷戲。」可知北朝在正月十五日也有一些民俗活動；而《北齊書》、《北史》有關尒朱文暢的傳記裡，也都提到了「自魏氏舊俗，以正月十五日夜爲打簇戲，能中者即時賞帛」之習俗（《北齊書》作「打竹簇」），此與後來的角牴可能不無關係。

⑦有關明清以後元宵節的盛況，請參見陳熙遠〈中國夜未眠——明清時期的元宵、夜禁與狂歡〉（《中央研究院歷史語言研究所集刊》七五·二，二〇〇四年，頁二八三—三二九）一文。

詩文裡元宵「空間書寫」的正聲

從語言學的角度來說，「元宵節」是一個「語詞」，不過，「任何一個語詞都具有縱向的聚合關係和橫向的組合關係，這樣，一個語詞就不僅僅是以其自身的方式存在著，它同時也以一種語義場的方式存在著，連結著許多『不在現場』但卻暗中伴隨著它的各類語詞」⑧，它的語義維幅射的角度甚廣，從道教「三元」之一的節日、民俗慶典中的節日，到節日期間種種人文、宗教、民俗的活動，以及其間種種的景觀，都涵括在內，從語義場構築成的場景，幾乎是所有能理解「元宵節」此一語詞意義的人都可以在腦海中輕易浮顯的空間圖像。基本上，中國的元宵節是「酒神式」（Dionysus）的，狂歡、縱酒、歌舞、激情、混亂，充滿了原始的衝動與突破禁忌、藩籬的強勁力道，與中國儒家傳統「阿波羅式」（Apollo）的理性、冷靜、禁欲、節制，正相對立。如此的一個圖像，歷代文人或敘述，或描寫，或抒情，或議論，寫出不知凡舉的詩文，以較早描寫元宵情景的隋煬帝楊廣及唐初蘇味道的詩爲例：

法輪天上轉，梵聲天上來。燈樹千光照，花焰七枝開。月影凝流水，春風含夜梅。燔動黃

---

⑧ 見徐岱：《小說形態學》（杭州：杭州大學出版社，一九九二年），頁七十五。

金地，鐘發琉璃臺。（〈**正月十五日於通衢建燈夜升樓**〉）⑨

火樹銀花合，星橋鐵鎖開。暗塵隨馬去，明月逐人來。遊妓皆穠李，行歌盡落梅。金吾不禁夜，玉漏莫相催。（〈**正月十五夜**〉）⑩

這樣的空間圖像，充滿了歌聲、樂舞、燈火、光耀，可謂是「極盡視聽之娛」，足以妝點盛世、粉飾太平。類似的空間描寫，自隋、唐而下，在相關的史籍、筆記中所在皆有，如《隋書．音樂志下》載隋煬帝大業六年（西元六一〇年）的盛況：

每歲正月，萬國來朝，留至十五日，於端門外，建國門內，綿亙八里，列爲戲場。百官起棚夾路，從昏達旦，以縱觀之，至晦而罷。伎人皆衣錦繡繒綵。其歌舞者，多爲婦人服，鳴環佩，飾以花毦者，殆三萬人。初課京兆、河南製此衣服，而兩京繒錦，爲之中虛。三年，駕幸榆林，突厥啓民，朝於行宮，帝又設以示之。六年，諸夷大獻方物。突厥啓民以下，皆國主親來朝賀。乃於天津街盛陳百戲，自海內凡有奇伎，無不總萃。崇侈器玩，盛飾衣服，皆用珠翠金銀，錦罽絺繡。其營費鉅億萬。關西以安德王雄總之，東都以齊王暕總之，金石匏革之聲，

---

⑨ 見〔明〕張溥輯：《漢魏六朝百三名家集．隋煬帝集》（臺中：松柏出版社，一九六四年八月），頁五〇二六。

⑩ 見〔清〕聖祖玄燁敕編：《全唐詩（二）》（臺北：藝文印書館，一九六〇年五月），頁四三七。

聞數十里外。彈弦擫管以上，一萬八千人。大列炬火，光燭天地，百戲之盛，振古無比。自是每年以爲常焉。（**《隋書》卷十五，〈音樂志下〉**）

綿延八里的戲場，高達三萬人的舞隊，一萬八千人的管弦樂隊，錦繡繽紛，官民雜遝，所謂「大列炬火，百戲之盛，振古無比」，是何等的盛況！《宋史·樂志》亦記載宋徽宗朝類似的場景：

每上元觀燈，樓前設露臺，臺上奏教坊樂、舞小兒隊。臺南設燈山，燈山前陳百戲，山棚上用散樂、女弟子舞。餘曲宴會、賞花、習射、觀稼，凡游幸但奏樂行酒，惟慶節上壽及將相入辭賜酒，則止奏樂。（**《宋史》，卷一百四十二〈樂志〉**）

在這段描寫中，除了音樂、歌舞、百戲、燈山之外，還做了細部的描繪：「宴會、賞花、習射、觀稼」，君臣百官，同慶佳節，其間的鬧熱、喧闐，洋溢於文字之外。這還是史籍中從「官家」的角度所作的概略記載；若干筆記小說中，從民間的角度對此一景象的描摹，更巨細靡遺，如孟元老《東京夢華錄》[11]記北宋徽宗宣和年間的元宵盛況：

---

[11]〔宋〕孟元老：《東京夢華錄》（《叢書集成初編》影印秘冊彙函本，北京：中華書局，一九八五年）。

正月十五日元宵，大內前自歲前冬至後，開封府絞縛山棚，立木正對宣德樓，遊人已集御街兩廊下。奇術異能，歌舞百戲，鱗鱗相切，樂聲嘈雜十餘里，擊丸蹴踘，踏索上竿。趙野人，倒吃冷淘。張九哥，吞鐵劍。李外寧，藥法傀儡。小健兒，吐五色水、旋燒泥丸子。大特落，灰藥。榾柮兒，雜劇。溫大頭、小曹，嵇琴。黨千，簫管。孫四，燒煉藥方。王十二，作劇術。鄒遇、田地廣，雜扮。蘇十、孟宣，築球。尹常賣，《五代史》。劉百禽，蟻。楊文秀，鼓笛。更有猴呈百戲，魚跳刀門，使喚蜂蝶，追呼螻蟻。其餘賣藥、賣卦，沙書地謎，奇巧百端，日新耳目。至正月七日，人使朝辭出門，燈山上彩，金碧相射，錦繡交輝。面北悉以綵結，山礬上皆畫神仙故事。或坊市賣藥賣卦之人，橫列三門，各有綵結金書大牌，中曰「都門道」，左右曰「左右禁衛之門」，上有大牌曰「宣和與民同樂」。彩山左右，以綵結文殊、普賢，跨獅子、白象，各於手指出水五道，其手搖動。用轆轤絞水上燈山尖高處，用木櫃貯之，逐時放下，如瀑布狀。又於左右門上，各以草把縛成戲龍之狀，用青幕遮籠，草上密置燈燭數萬盞，望之蜿蜒，如雙龍飛走。（卷六，〈元宵〉）

其中百戲的名目、奇技的藝人，以及燈山的細景刻畫，呈顯出來的正是一幅「宣和與民同樂」的太平景象。明末張岱的《陶庵夢憶》⑫則除此之外，又另寫百姓的具體活動：

---

⑫〔明〕張岱：《陶庵夢憶》（臺北：開明書局，一九五七年二月）。

庵堂寺觀以木架作柱燈及門額，寫「慶賞元宵」、「與民同樂」等字。佛前紅紙荷花琉璃百盞，以佛圖燈帶間之，熊熊煜煜。廟門前高臺，鼓吹五夜。市廛如橫街軒亭、會稽縣西橋，閭里相約，故盛其燈，更於其地鬥獅子燈，鼓吹彈唱，施放煙火，擠擠雜雜。小街曲巷有空地，則跳大頭和尚，鑼鼓聲錯，處處有人團簇看之。城中婦女多相率步行，往鬧處看燈；否則，大家小户雜坐門前，吃瓜子、糖豆，看往來士女，午夜方散。鄉村夫婦多在白日進城，喬喬畫畫，東穿西走，曰「鑽燈棚」，曰「走燈橋」，天晴無日無之。（**卷六，〈紹興燈景〉**）

好事者賣酒，緣山席地坐。山無不燈，燈無不席，席無不人，人無不歌唱鼓吹。男女看燈者，一入廟門，頭不得顧，踵不得旋，只可隨勢潮上潮下，不知去落何所，有聽之而已。（**卷八，〈龍山放燈〉**）

元宵節圖景

大抵上，「慶賞元宵」、「與民同樂」是元宵節空間書寫的基本筆調，無論是詩或文，多多少少總會以誇耀、渲染的筆法，侈寫其歡暢、熱鬧、富饒的景象，這點，我們從西湖老人《西湖老人繁盛錄》、灌園耐得翁《都城紀勝》書名中的「繁盛」、「紀勝」，可以窺見。

從「正聲」到「變徵」

元宵節是中國民俗中的重要「慶典」，所謂「慶典」，誠如蘇格蘭人類學家維克多．特納（Victor Witter Turner，西元一九二〇～一九八三年）所指出的，「群體慶典的社會化功能更爲顯著，這一慶典功能體現爲慶典的兩種相反的作用：一是凝聚的向心作用，一是宣洩離心作用。他們往往同時並存、相反相成」⑬，隋煬帝、宋徽宗誇示豪奢、粉飾太平，企圖營造國泰民安的景象，炫示「與民同樂」的歡欣，無疑是具有正向意義的社會功能，足以凝聚國人的向心力；但「慶典具有危害性的一面，因爲他們暴露出位於文化光明區域周圍的混亂及不確定的邊緣部分」⑭，其間耗費的巨額貲財、參與人衆的放浪形骸、突破既定秩序的狂亂……等「邊緣部分」，卻也難免引發質疑與憂心。尤其是「觀看」此一「慶

⑬ 見維克多．特納著，方永德等譯，《慶典》（上海：上海文藝出版社，一九九三年），頁六。
⑭ 同上，頁三十。

典」的人，因個人思想信念的差異、經驗的不同，以及視角的選擇，於「正聲」之外，往往刻意凸顯其「變徵」的音色，導致出現不同意旨的描寫。

同樣的空間場景，在書寫的過程中，由於其他因素的介入，其所呈顯的空間意義卻很可能是大相逕庭的；通常，最具扭轉空間意義的因素，是時間。《隋書》、《宋史》皆成書於易代之後，史臣摹寫隋煬帝、宋徽宗誇示繁華、侈靡奢豪的粉飾太平之舉，於表面華麗的書寫之外，實際上是隱含著批判意味的，故《隋書．音樂志》在前述聲光鮮豔的敘述之後，僅僅短短的「初課京兆、河南製此衣服，而兩京繒錦，為之中虛」幾句，就使全部的空間書寫產生意義上的變化。類似的例子，在孟元老的《東京夢華錄》、張岱的《陶庵夢憶》，甚至周密的《武林舊事》、吳自牧的《夢粱錄》中皆可看見。

孟元老在南宋紹興年間寫成《東京夢華錄》，「一旦兵火，靖康丙午之明年，出京南來，避地江左，情緒牢落，漸入桑榆，暗想當年，節物風流，人情和美，但成悵恨」，藉此書追憶汴京繁華，雖「庶幾開卷得覩當年之盛」，但「古人有夢遊華胥之國，其樂無涯者，僕今追念，回首悵然，豈非華胥之夢覺哉？」⑮家國之思、流離之哀、年歲之老，透過時間的轉換，都使原有的空間意義滲入了深沉的感慨，夢想中的京華再如何美豔，也不免暗淡了光。張岱於國破家亡之後，披髮入山，瞻烏無止，「雞鳴枕上，夜氣方回，因想余生平繁華靡麗，過眼皆空，五十年來，總成一夢。今當黍熟黃粱，車旅蟻

⑮見〈東京夢華錄．序〉，頁一—四。

穴，當作如何消受？遙思往事，憶即書之，持向佛前，一一懺悔」⑯，《陶庵夢憶》裡的元宵觀燈、放燈，豔光四射的空間書寫中，於繁華中更透顯出他心境的寂寞。

透過時間的差異，連接起兩個不同的空間，物是人非，今昔對比，盛衰互見，點逗出幾許滄桑的感慨，大有白頭宮女閒話天寶舊事的寂寥與無奈。無論是向子諲〈鷓鴣天〉「紫禁煙花一萬重。鰲山宮闕倚晴空。玉皇端拱彤雲上，人物嬉游陸海中。　星轉斗，駕迴龍。五侯池館醉春風。而今白髮三千丈，愁對寒燈數點紅」⑰中流露的對時光飛逝的感傷，或是劉辰翁〈柳梢青〉「鐵馬蒙氈，銀花灑淚，春入愁城。笛裏番腔，街頭戲鼓，不是歌聲。　那堪獨坐青燈，想故國，高臺月明。輦下風光，山中歲月，海上心情」⑱中濃郁的家國之思，元宵的空間意義，都由「正聲」轉爲「變徵」。劉辰翁的〈寶鼎現〉一詞，更以上中下三闋分別連繫了北宋、南宋初及南宋末三個元宵的空間圖像，從歡樂、遺憾到希望破滅，而賦予了新的空間意義：

紅妝春騎。踏月影、竿旗穿市。望不盡、樓臺歌舞，習習香塵蓮步底。簫聲斷、約彩鸞歸

---

⑯ 見〈陶庵夢憶·序〉，頁一。

⑰ 見唐珪璋：《全宋詞》（北京：中華書局，一九九五年六月），頁九五七。

⑱ 同上註，頁三一九七。

去，未怕金吾呵醉。甚輦路、喧闐且止。聽得念奴歌起。

父老猶記宣和事。抱銅仙、清淚如水。還轉盼、沙河多麗。滉漾明光連邸第。簾影凍、散紅光成綺。月浸葡萄十里。看往來、神仙才子。肯把菱花撲碎。

腸斷竹馬兒童，空見說、三千樂指。等多時、春不歸來，到春時欲睡。又說向、燈前擁髻。暗滴鮫珠墜。便當日、親見霓裳，天上人間夢裏。⑲

由「元宵節」語義場所構築的空間，不僅可能因時間因素的介入而導致空間意義上的多樣化，也可能因視角的差異，產生不同的解讀。同樣是煙火璀璨、歌舞歡騰的場面，在柳彧的筆下，卻是：

或見近代以來，都邑百姓每至正月十五日，作角抵之戲，遞相誇競，至於糜費財力，上奏請禁絕之，曰：「臣聞昔者明王訓民治國，率履法度，動由禮典。非法不服，非道不行，道路不同，男女有別，防其邪僻，納諸軌度。竊見京邑，爰及外州，每以正月望夜，充街塞陌，聚戲朋遊。鳴鼓聒天，燎炬照地，人戴獸面，男爲女服，倡優雜技，詭狀異形。以穢嫚爲歡娛，用鄙褻爲笑樂，內外共觀，曾不相避。高棚跨路，廣幕陵雲，袨服靚粧，車馬塡噎。肴醑

⑲ 同上註，頁三二一四。

> 肆陳，絲竹繁會，竭貲破產，競此一時。盡室并孥，無問貴賤，男女混雜，緇素不分。穢行因此而生，盜賊由斯而起。浸以成俗，實有由來，因循敝風，曾無先覺。非益於化，實損於民，請須行天下，並即禁斷。康哉雅、頌，足美盛德之形容，鼓腹行歌，自表無爲之至樂。敢有犯者，請以故違敕論。」詔可其奏。（《隋書》卷六十二，〈柳彧傳〉）

在「元宵節」的語義場中，人群雜遝，男女同歡，看燈又看戲、看人也被人看，本來就是固有的內容，吳自牧也曾寫道：「妓女群坐喧嘩，勾引風流子弟買笑追歡。……又有深坊小巷，繡額珠簾，巧製新裝，競誇華麗。公子王孫，五陵年少，更以紗籠喝道，將帶佳人美女，遍地遊賞。」⑳元宵節金吾不禁，防閑大開，男男女女趁此佳節，刻意打扮，在歡樂融泄的氣氛中，遺帕脫簪、密期幽會，實際上也是一個充滿溫馨的小場景。我們既可以從辛棄疾的〈青玉案〉詞：「東風夜放花千樹，更吹落、星如雨。寶馬雕車香滿路。鳳簫聲動，玉壺光轉，一夜魚龍舞。　蛾兒雪柳黃金縷，笑語盈盈暗香去。眾裡尋他千百度。驀然回首，那人卻在，燈火闌珊處。」中，看到一段隱隱約約、似有若無的「元宵邂逅記」；而從相傳是歐陽脩或朱淑貞所作的〈生查子．元夕〉詞：「去年元月時，花市燈如晝。月上柳梢

---

⑳ 見吳自牧：《夢粱錄》（《宋史資料粹編》第四輯，文海出版社，一九八一年）卷一〈元宵〉頁二八－二九。

頭，人約黃昏後。　今年元月時，月與燈依舊，不見去年人，淚溼春衫袖」中，更可以看到一個發生在此一空間場景中淒美、浪漫而哀愁的故事。不過，同樣的空間場景，柳彧顯然不作如是觀。據《隋書》所載，柳彧生性耿直嚴厲，在他看來，元宵節的各式慶典，不但糜費財力，更是墮落、鄙褻的象徵，從奏章中兩次強調「男女有別，防其邪僻」、「男女混雜，緇素不分」可知，柳彧以傳統的道德標準建構、賦予了此一元宵節空間的另一個獨特的意義。柳彧的憂慮，事實上也並非過慮，據《舊唐書》卷五十一〈中宗韋庶人傳〉載，唐中宗垂拱四年（西元六八八年），「正月望夜，帝與后微行市里，以觀燒燈。又放宮女數千，夜遊縱觀，因與外人陰通，逃逸不還。」㉑宮女趁佳節防檢鬆懈的時機，陰通外人，逃離禁宮，此事顯然有不爲外人所知的複雜面向，但就古代道學家的立場而言，就是非常單純的私奔、逃逸之罪。因此，類似柳彧的觀點，也是相當普遍的，如明代的湛若水，就以爲「男女混雜，有傷風化」㉒，因而有「禁婦女觀燈」之舉：

㉑ 此事在小說《混唐後傳》第十三回，〈結彩樓嬪御評詩，游燈市帝后行樂〉中亦有所披露，作者云「男女混雜，貴賤無分，成何體統」，亦屬同樣見解。

㉒ 見《泉翁大全集》（臺北：中央圖書館藏明嘉靖十九年嶺南朱明書院刊萬曆癸巳修補本）卷八十三，〈元宵不許婦女觀燈禁約〉。

訪得南城寺僧先前創有梅將軍祠廟，用以惑眾祈求。人家婦女及娼優之人相雜往來，元宵之日，皆到本廟遊戲燒香，因而混亂，不惟有傷風化，抑且褻瀆名儒。合行南城兵馬司著落當該官吏，速行禁止，凡歲時不許招引婦女娼優人等到廟燒香，因而雜亂，以傷風化等因到司。理合就行該城兵馬，即日出給告示禁革，將本廟門封閉，仍取本寺僧人，及當地總小甲執結回繳，毋得故犯，取罪不便，須至牌者。（《泉翁大全集》卷八十三，〈禁婦女不得於元宵遊梅將軍廟燒香告示〉）

從圖象到場景

從以上的論述中，我們可以發現，詩文中對「元宵節」的摹寫，基本上是以「嘉年華」（carnival）式的描寫為主調，盛誇其場面的奢華鋪張與光鮮亮麗。而後，或細摹其中若干人物活動的小場景，以凸顯元宵百無禁忌的狂歡與熱情；或由此侈靡奢豪的炫目耀眼中別致感慨，以寄寓其對時政的譏諷與批判；或藉由時間的轉換，前後對照、映襯，以呈顯其身世、家國的傷感；或直接以批判的角度，對此一嘉年華式的慶典所引發的混亂，提出禁戒或憂懼。

詩文之藉用「元宵節」，主要在摹寫實景或塑造意境，是以高一層的角度俯瞰元宵場景，以旁觀者的立場審視、觀賞其圖像以及作者觀此圖像所產生的各種不同情感與感受。此一圖像是單一、孤立的，就像是一幅附有文字說明的畫。儘管如歐陽脩〈生查子〉中有去年、今年元宵的冷熱對比，劉辰翁的〈寶鼎現〉有北宋汴京、南宋杭州及南宋末當下的三個元宵圖景，但基本上也不過就是二、三個並列的圖像，以此圖象爲意象，點逗出作者的深沉感受。這點，我們可以藉清末《點石齋畫報》刊登的九幅〈元宵盛景〉來作說明。

這幾幅〈元宵盛景〉圖描畫的是當時上海西方官商爲慶祝上海開埠五十週年（西元一九五三年），協商中國官紳共同舉辦的慶典活動，從元月初十起，前後約共十天，畫報一連刊出九張，詳細摹畫了當時的熱鬧情景，而大抵不外盛陳其燈景、華飾，唯第九幅別出一格，畫的是一個「翩翩衣服」的負債者，被債主扯住辮子討債，而跪地求饒的景象。基本上，這九幅畫頗有「連環畫」的意味，但其中敘事的部分不多，圖景雖云連環，卻個別獨立，作者躬逢其盛，目之所見，即圖之以象，說之以文字。圖象的作用，嚴格說來只是當成背景，文字雖云附錄，卻才是作爲「畫報」眞正想表

述的「新聞」。以圖象當意象，是詩文表現的方式，如馬致遠的「枯藤老樹昏鴉，小橋流水人家，古道西風瘦馬，夕陽西下」，藉數個圖象的並列連結，引起結句「斷腸人在天涯」的滄桑感慨，就詩文之法來說，是「起興」——「興者，先言他物以引起所咏之詞也」㉓。此一「他物」，或即目所見，或曾經經歷，要皆實有其事其物，以物興情。

中國古典小說中的「元宵節」，儘管有作者經歷過的節慶實況滲透於其中，但就小說而言，此一圖象是「虛構的」，作者爲了表現某種意念、執行某種功能，刻意選擇了「元宵節」的圖象加以渲染、強調，是以意象爲圖象，作場景（場面）使用的。傅騰霄云：

> 小說中的「場面」，一般是指一定的人物，在一定的空間內活動所構成的畫面。由於這種場面最利於矛盾衝突的充分展開，所以它既能生動表現各種人物風貌，也能急速地推動故事情節的發展。㉔

換句話說，小說中的場景，實際肩負了作者意象表達的重責大任，無論是對人物的塑造或情節的發

㉓ 見〔宋〕朱熹：《詩集傳》（臺北：臺灣中華書局，一九六九年五月）卷一，頁一。

㉔ 見傅騰霄：《小說技巧》（北京：中國青年出版社，一九九二年），頁一五七。

展，都有極巨大的作用。

在小說中，不同的場景擁有不同的功能，誠如韋勒克（René Wellek）和華倫（Austin Warren）在《文學論》（Theory of Literature）所點出的，「一個大發雷霆、暴躁的主角衝進暴風雨裡。而爽朗的性情則似麗日和風」㉕，這兩個場景，顯然都是作者可以刻意設計以執行不同功能的。相同的場域，在不同的摹寫下，常可以變幻出不同的場景，而具有不同的功能。以中國古典小說中的「佛寺」爲例，在才子佳人小說作家筆下，常被設計成有情男女邂逅相遇、一見鍾情的場景；而在「公案小說」中則被設計成藏汙納垢、淫孽色媒的場景；在武俠小說中，陳平原則認爲具有「對刀光劍影的超越，並共同指向善武而不嗜殺的眞正的大俠精神」㉖的場景功能。

然則，中國古典小說中是如何運用「元宵節」作爲場景以發展其人物設計、情節變化、主題凸顯的功能的？

㉕ 見韋勒克（René Wellek）、華倫（Austin Warren）同撰，王夢鷗、許國衡譯：《文學論》（臺北：志文出版社，一九七九年），頁三六八。

㉖ 見陳平原：《千古文人俠客夢》（北京：人民文學出版社，一九九二年），頁一六一。

古典小說中的元宵場景

(一)藉奢華隱含譏刺、轉換主題

蒲安迪曾指出，元宵節「在明清文人小說家裡特別富有魅力」㉗，以古典小說節令出現的頻率看來，確實如此。㉘古典小說中最早鋪陳元宵場景的，應是平話小說《大宋宣和遺事》。

在歷史上，帝王與元宵節關係最密切的，無疑屬隋煬帝與宋徽宗，而他們俱屬亡國之君，所呈顯出來的節令特色，也可一言以蔽之曰：豪侈奢靡。不過，由於隋煬帝奢靡浮濫、侈費民生之舉不可勝數，未必需要特別以元宵的奢華加以強調，已足證其罪辜，因此如《隋史遺文》、《隋唐演義》、《隋唐兩朝志傳》諸書，雖力詆隋煬帝建迷樓、開運河、剪綵作花、造林成園的豪費，並予以強烈的批判外，並未引史書記載的誇炫外國使節以觀燈之事，而《隋煬帝豔史》雖徵引史書而有〈東京陳百戲，北海起三山〉一回，卻也未明言與元宵相關。

㉗ 同註①，頁八十二。

㉘ 這點雖未有真正的統計數字出現，但筆者在閱讀古典說部的過程中，是明顯察覺到「元宵節」的出現頻率，的確遠高於其他節令。

至於宋徽宗，雖屬闇昧之君，而於窮極奢華、剝削民力之事，「未若是之甚也」，更無若何道德上的罪愆，是以能證其以闇昧亡國者不多，元宵的奢華，便因此凸顯而出。《大宋宣和遺事．亨集》載：

徽宗是箇風流快活的官家，目見帝都景致，怎不追歡取樂？皇都最貴，帝里偏雄：皇都最貴，三年一度拜南郊；帝里偏雄，一年正月十五夜。夜州裏底喚做山棚，內前的喚做鰲山；從臘月初一日直點燈到宣和六年正月十五日夜。爲甚從臘月放燈？蓋恐正月十五日陰雨，有妨行樂，故謂之預賞元宵。㉙

自此以下，大約有一千兩百字的篇幅，摹寫綵山燈景、市人遊賞的盛況。有趣的是，在這段摹寫元宵的末段，附帶了一個小故事：一個因觀燈而與夫婿失散的婦女，在領飲御酒之時，偷取了金杯，卻憑藉著急智與詩才，反獲得徽宗嘉賞。宋徽宗儘管是荒侈無道之君，但這段有關元宵的空間書寫，雖亦不無譏諷批判之意，卻濃濃的透顯出「宣和綵山，與民同樂」的味道。㉚類似的例子，在《水滸傳》宋江

㉙ 見〔宋〕佚名：《大宋宣和遺事．亨集》（臺北：河洛圖書，一九八一年元月），頁四三一。

㉚ 值得注意的是，〈亨集〉結尾，引了呂省元的〈宣和講義〉，云「說得宣和過失，最是的當」，而主要在歸罪於朝中小人，似有意開脫宋徽宗的荒侈行徑。

於梁山坐了第一把交椅後，與李逵、燕青、柴進等赴東京看燈的情節中也可看見。《水滸傳》英雄排座次底定後，下一個關鍵就是「招安」，因此宋江明爲看燈，實際上不無藉此觀望風向、探聽虛實的用心。故此於元宵燈景，只是藉幾句話頭、舊詩詞虛寫，未極力描摹其盛況。書中側重的是寫柴進簪花入禁院，見屏風上御書「四大寇」的名字，心中暗忖：「國家被我們擾害，因此時常記心，寫在這裡。」便將「山東宋江」四字剜刻下來示予宋江，宋江看後，「嘆息不已」。㉛這段描寫，其實已爲「招安」定調，從此宋江將於「四寇」中除名了。既欲寫宋江受招安，則對招安者徽宗皇帝僅以「驚得趙官家一道煙走了」微詞反諷，亦已足矣，而大張旗鼓、嚴陣以待的力道，則轉施於楊戩與高俅。這段元宵的空間書寫，與《大宋宣和遺事》之歸罪於小人，是異趣同歸的。

宋徽宗慶賞元宵的事，於史有據，自然並非虛構；但小說中藉此敷衍，卻絕不是僅僅鋪陳豪華、隱含譏刺而已，而是情節中相當重要的場景。《大宋宣和遺事》藉此場景透露了作者對宋徽宗不無迴護的潛意識，但情節張力較弱（蓋是書純就時間順序鋪陳，本就較少匠心）；而《水滸傳》這段觀燈的情節，卻無疑可視爲全書主題轉換的關鍵。

㉛ 見施耐庵、羅貫中原著，李泉、張永鑫校注：《水滸全傳校注》（臺北：里仁書局，一九九四年）第七十二回，〈柴進簪花入禁院，李逵元夜鬧東京〉。

(二) 藉熱鬧以刻劃人物、開展情節

基本上，這兩段場景的描繪都不出元宵原有的氛圍，而這也正是小說中元宵場景的基調。相對於前述二處對元宵鬧熱光景的描寫，《金瓶梅詞話》就更鋪張揚厲了。《金瓶梅詞話》中有五段關於元宵的描寫，第一段是在第十五回〈佳人笑賞翫燈樓，狎客幫嫖麗春院〉，文中以一大段將近五百字篇幅的文字細細描摹各色不等的「燈」以及市肆中各色趕趁元宵的行當，寫得格外熱鬧。元宵節是李瓶兒的生辰，此時距花子虛因氣喪身未久，李瓶兒藉元宵及生辰名義，約吳月娘、孟玉樓、潘金蓮、李嬌兒等看燈，在情節上自有暗示未來西門慶終將納李瓶兒為妾的作用，但更重要的是凸顯潘金蓮放浪的性格。蓋潘金蓮自私僕受辱後，稍微安分了一點，又因得罪李桂姐，被西門慶剪去了一綹頭髮送給李桂姐作表信，而後西門慶與李瓶兒私通，潘金蓮被冷撂在一邊，以她這樣水性的人，怎生甘得了寂寞？因此藉元宵觀燈細寫潘金蓮在樓前作張作致，「引惹的那樓下看的人，挨肩擦背，仰望上瞧，擠匝不開，都壓蹋蹋兒，須臾哄圍了一圈人」，然後藉樓下浮浪子弟的紛紛議論，將潘金蓮過去鴆害親夫的醜事一一道出，可謂春秋之筆，而且也為後面陳經濟入住西門府，「元夜戲嬌姿」的情節暗埋伏線。當初西門慶是藉「嫁外京客人」的名義，計娶潘金蓮的，而「那條街上遠近人家，無有不知此事，都懼怕西門慶是

個刁徒潑皮，有錢有勢」㉜，無人敢管敢說。而潘金蓮自入西門府，深宅大院，足不出戶，外頭雖有傳言，幾人能夠確認？錯非利用元宵觀燈，讓潘金蓮放乖賣俏、抛頭露面，這段史筆也無從著墨。

陳經濟是《金瓶梅詞話》中的第二男主角，自十八回入西門府「花園管工」後，只與西門府中人打了個照面，儘管作者已點出他與潘金蓮是「五百年冤家今朝相遇，三十年恩愛一旦遭逢」㉝，但這段乖違倫常的姦情，究竟是如何展開的，始終未有機會交代。第二十四回藉元宵節西門慶設宴歡聚，一家子全都到齊，陳經濟與潘金蓮才有機會藉敬酒而相互勾搭，且整個場景從廳堂延伸到廳前，只見兩人調情戲謔，全失體統；而後潘金蓮領一衆人婦逛街賞燈，由於宋慧蓮早覷破他倆的調情，故意廝纏著陳經濟，與他打情罵俏㉞。這一大段場景，既點出陳經濟與宋慧蓮的風流，而潘金蓮看在眼裡，定然不是滋味，心眼素小的她未免暗恨在心，故此後來調唆西門慶陷害來旺、遞解徐州，且嗾使孫雪娥譏罵宋慧蓮，逼得她含羞自縊而亡——這段元宵場景，看似瑣碎，卻是後來情節的張本。

《金瓶梅詞話》第四十二回，〈豪家攔門翫煙火，貴客高樓醉賞燈〉的元宵場景，主要的在呈顯西

㉜ 見〔明〕蘭陵笑笑生：《金瓶梅詞話》（臺北：里仁書局，一九九六年），第九回〈西門慶計娶潘金蓮，武都頭悞打李外傳〉。

㉝ 同上註，第十八回〈來保上東京幹事，陳經濟花園管工〉。

㉞ 同上註，第二十四回〈陳經濟元夜戲嬌姿，惠祥怒罵來旺婦〉。

門慶的豪富。這回主要是因西門慶家官哥兒與喬大戶家的大姐襁褓結親，喬家藉元宵爲親家母李瓶兒賀壽，並爲官哥兒送節，吳月娘禮尚往來，設宴款待喬家親屬。這時正是西門慶意氣風發、家業鼎盛的時期，襁褓聯姻，其實本是相互攀附，西門慶爲逞豪華氣派，製作了許多大型煙火架，命家僕抬放到街心施放。這自然引來了「兩邊圍看的，挨肩擦膀，不知其數」，而對各色極盡靈巧的煙火，自然也有詳盡的描繪。不過，也就在這煙火四迸、光燄齊明的場景中，作者倒筆一轉，藉煙火說道：「總然費去萬般心，只落得火滅煙銷成煨燼」，所謂「泰極否來」，已暗示西門家的鼎盛，只不過是一瞬煙花而已。

第四十六回〈元夜游行遇雪雨，欺妾笑卜龜兒卦〉的元宵場景，儘管照例是一番熱鬧，但與前數回相較，分明冷落許多。西門慶此時醉酒入寢，吳月娘等妻妾齊聚聽郁大姐唱琵琶詞〈一江風〉，此詞內容是敘說一個女子盼望情郎，從子時候至戌時，皆未見蹤影，心下慘慘切切、淒淒涼涼，末句是「亥時去卜個龜兒卦」。吳月娘聽了，便道「怎的這一回子恁涼淒淒了起來？」卻原來是外頭下起雪來。這一回作者藉聽曲、下雪（以及回首爐火突滅），點出西門家業即將步入衰境的徵兆，同時也爲隔日妻妾做龜卜作引子，暗示了李瓶兒未來的命運（官哥兒之死及因氣喪生）。

第七十九回〈西門慶貪慾得病，吳月娘墓生產子〉是《金瓶梅詞話》一書最關鍵的一段。此處的元宵場景，實際可向前後延伸，在十五日之前，西門慶乍見何千戶娘子藍氏，「一見魂飛天外，魄喪九宵，未曾體交，精魄先失」㉟，但無緣得一親芳澤，只得藉來爵媳婦消火，身體已經承受不住；元宵當天，在王六兒家已著實纏綿歡敘了一場，迷迷糊糊到了潘金蓮處，又受她盡情播弄，將胡僧藥一股腦餵食入西門慶口中，西門慶元氣大傷，精盡繼之以血，拖沒幾日，就一命嗚呼。這場景的命意，作者表明「西門慶自知貪淫樂色，更不知油盡燈枯，髓竭人亡」，而刻意挑選李瓶兒生辰的當天種下禍根，其間的嘲諷、批判之意，也是呼之欲出的。

(三) 藉狂亂以開展情節

元宵節遊人駢織、肩摩踵接的景象，無疑是所有元宵場景的共相，在燈火煙花的助長下，狂熱而酣暢的嘉年華會於焉展開。然而狂熱也者，在興酣過度之下，其間的混亂自然也無法避免。混亂的原因，一則在於人眾雜遝，正是宵小可趁的良機，二則挨肩擦背，多少免不了磨擦與衝突。《二刻拍案驚奇》第五卷〈襄敏公元宵失子，十三郎五歲朝天〉就寫了一個宵小拐騙孩童的勾當，所幸王南陔聰明機靈，才免罹此災；同時，《英雲夢傳》第二回〈慶元宵善言滕武，進天香巧遇吳娃〉，也寫了滕武、溫別二人見王雲府中燈景豪華，起不良之意，趁元宵夜夥同賊黨入府偷盜之事。在《異說反唐全傳》第十四回

㉟ 同上註，第七十八回〈西門慶兩戰林太太，吳月娘翫燈請藍氏〉。

〈薛剛大鬧花燈會，御樓上驚死高宗〉中，則寫性急好酒的薛剛，耐不住衆人的挨擠，乘著酒性，「掄起雙拳，向人叢中亂打。拳頭如同鐵石，打著人頭破血流，打著人不是筋斷，就是骨折。看燈的男男女女，大喊起來，四下亂跑。人多得緊，一時如何跑得及，前邊一個跌倒，後邊便一齊翻倒。要命的被打的慌，就在人身上亂踼過去，也不踼傷了多少人，擠倒燈架，擁塞不開，叫苦連天，喊聲大震」，在此混亂的場面中，高宗命皇七子李昭出面維護秩序，卻反遭薛剛踼死。這一回隱伏了其後薛剛反唐的情節，而導火線則正在此一元宵的狂熱與混亂。

但元宵的混亂，更重要是導因於歡騰的氣氛易令人沉醉，因而心理疏於防犯，「金吾不禁」，戒心無存。有心人士趁此混亂之際，有所圖謀，也較易得逞。《水滸傳》第三十三回〈宋江夜看小鰲山，花榮大鬧清風寨〉即寫宋江於元宵夜出外看燈，看得歡喜，「呵呵大笑」㊱，無意中被劉知寨夫人聽到，誣指他爲清風山的賊頭，故此遭擒，引發了清風寨文武知寨的衝突，花榮入伙梁山。其重點就在戒心之鬆弛。《三國演義》中，則描寫了三個趁元宵防檢疏漏的空檔，謀畫起事，如第二十三回〈禰正平裸衣罵賊，吉太醫下毒遭刑〉中，董承夢中欲「乘今夜府中大宴，慶賞元宵，將府圍住，突入殺之。不可失此機會」殺曹操，雖云是夢，而特別選元宵當日，其用意可知。而第六十九回〈卜周易管輅知機，討漢賊五臣死節〉中，耿紀、韋晃見曹操進封王爵，出入用天子車服，心甚不平，與金禕合謀，遊說王必，

㊱ 書中寫到，宋江身形「矮矬」，在人衆中本不易被察覺，卻因此一笑，被劉知寨夫人聽到，故此惹禍上身。

「方今海宇稍安，魏王威震天下；今值元宵令節，不可不放燈火，以示太平氣象」；第一百十九回〈假投降巧計成虛話，再受禪依樣畫葫蘆中〉，姜維與鍾會共謀，「來日元宵佳節，故宮大張燈火，請諸將飲宴。如不從者盡斬之」，欲劫脅衆將，亦著眼在元宵節。此外，魏子安《花月痕》第四回〈短衣匹馬歲暮從軍，火樹銀花元宵奏凱〉亦有類似的運用，但卻出以奇兵，韓荷生故意讓蒲關城內放元宵花燈，以鬆懈敵方的戒備，「賊眾因探得蒲關內大放花燈，所以毫無防備」，韓荷生攻其不備，伏兵盡起，大獲全勝。但無論是《三國演義》或《花月痕》，都只是虛設一個元宵，未對場景多所描摹。《水滸傳》梁山英雄攻打大名府一段，整個元宵場景的運用，就顯得精彩淋漓了。

《水滸傳》第六十六回〈時遷火燒翠雲樓，吳用智取大名府〉一回，寫梁山英雄爲搭救盧俊義、石秀二人性命，由吳用定下計謀，道是「即今冬盡春初，早晚元宵節近，北京年例，大張燈火。我欲乘此機會，先令城中埋伏，外面驅兵大進，裏應外合，可以破之。」故安排衆英雄藉趕趁元宵名目，先混入城內，而以時遷放火燒翠雲樓爲號。其中諸好漢裝扮成獵戶、糶米客人、僕者、客人、行腳僧侶、雲遊道士、道童、公人等，以大名城的繁華而言，固是尋常可見人物，但在元宵節出現，卻更不致啓人疑竇；而鄒淵、鄒潤扮做賣燈客人，王矮虎、孫新、張青、扈三娘、顧大嫂、孫二娘扮做三對村裏夫妻，入城看燈，則更是順理成章了。

而另一方面，梁中書鎮守大名府，豈不知元宵節會「放燈惹禍」，給梁山軍馬可趁之機？但又恐遭宋江恥笑，不甘示弱，反而「比上年多設花燈，添扮社火，市心中添搭兩座鰲山，照依東京體例，通宵不禁，十三至十七，放燈五夜」，並派聞達親領一彪軍馬出城，去飛虎峪駐劄，再著李成親引鐵騎馬軍，繞城巡邏。雙方劍拔弩張、鬥智鬥力的緊繃情勢，都藉元宵場景一一呈露出來。其中描摹燈景的一段，引錄如下：

大名府留守司州橋邊，搭起一座鰲山，上面盤紅黃紙龍兩條，每片鱗甲上點燈一盞，口噴淨水。去州橋河內周圍上下點燈，不計其數。銅佛寺前紮起一座鰲山，上面盤青龍一條，週迴也有千百盞花燈。翠雲樓前也紮起一座鰲山，上面盤著一條白龍，四面點火，不計其數。㊲

至於元夜當晚的盛況，「銀花火樹不夜城」、「燭龍銜照夜光寒」、「嬉遊來往多嬋娟」、「燈球燦爛若錦繡」之句，可概一般。不過，「遊人轇轕尚未絕，高樓頃刻生雲煙」，梁山軍馬發動攻勢，聞達的大寨被襲劫，時遷在翠雲樓一把火熊熊燒起，諸好漢伏兵盡出，將大名府完全納入梁山掌握之中。最後作者以一詩作結：

煙迷城市，火燎樓臺。紅光影裏碎琉璃，黑焰叢中燒翡翠。娛人傀儡，顧不得面是背

㊲ 見施耐庵、羅貫中原著，李泉、張永鑫校注：《水滸全傳校注》（臺北：里仁書局，一九九四年），頁一一一一。

非；照夜山棚，誰管取前明後暗。斑毛老子，猖狂燎盡白髭鬚；綠髮兒郎，奔走不收華蓋傘。踏竹馬的暗中刀鎗，舞鮑老的難免刃槊。如花仕女，人叢中金墜玉崩；翫景佳人，片時間星飛雲散。可惜千年歌舞地，翻成一片戰爭場。㊳

巧妙的將整個戰爭與元宵場景結合爲一，可謂是古典小說中寫元宵最精彩的一頁。

㈣藉男女不禁以演風流佳話

元宵節因狂熱、無檢而引起的「亂」，尚不止此，《二拍》中曾謂：

只因宋時極作興是個元宵，大張燈火，御駕親臨，君民同樂。所以說道「金吾不禁夜，玉漏莫相催」。然因是傾城士女通宵出遊，沒些禁忌，其間就有私期密約，鼠竊狗偷，弄出許多話柄來。（**卷五，〈襄敏公元宵失子，十三郎五歲朝天〉**）

㊳同上註，頁一一一八。

又引李漢老〈女冠子〉一詞，道「可見元宵之夜，趁著喧鬧叢中幹那不三不四勾當的，不一而足」。所謂「不三不四勾當」，自是道學家之言，宋代以來，男女防閑漸緊，而元宵節男女雜遝，無所禁避，道學家有此隱憂、批判，也不足爲奇。但從男女交際而言，卻正是一個絕佳的會面時機，元宵節灼熱的燈火，從森嚴的禮教鐵門限中透洩了一道春光，映照成一樁一樁的風流佳話。《西湖二集》第十六卷〈月下老錯配本屬前緣〉就藉朱淑貞元宵觀燈，想到佳人才子的韻事，對比自身鴛偶錯配的感傷，將著名的〈生查子〉一詞點逗出來。的確，趁元宵光景，邂逅相遇，月下偷期，是何等的浪漫，儘管若干私情密約，分明有違禮教，如《警世通言》卷三十八〈蔣淑貞刎頸鴛鴦會〉中蔣淑貞與朱秉中的幽歡就是選在元宵之夜；但少年男女，邂逅生愛，一見鍾情，也未嘗不是美談。《喻世明言》第四卷〈閑雲庵阮三償冤債〉也是藉元宵場景，寫陳玉蘭於「歡耍賞燈」之際，聽得阮三郎彈唱之聲，心生愛慕，後來因王尼姑的安排，於閒雲庵私會，了此私情。雖然在故事中阮三郎一時貪歡，體虛而亡，但陳玉蘭已有身孕，矢志不嫁，生子中了狀元，畢竟還是有個「傳爲佳話」的結局。《喻世明言》第二十三卷〈張舜美燈宵得麗女〉的入話，也寫了張生在元宵時看燈，偶拾詩帕，帕中附有來年元宵之約，遂於次年元宵赴約，得見麗女，共效于飛，生死相隨的故事㊴。雖然穿穴踰牆，姦情悖理，但「兩情好合，

㊴ 類似的情節，在《蝴蝶媒》第八回，〈贈寒衣義女偷情，看花燈佳人密約〉中，寫蔣青巖與沈蘭英的元宵偷情，亦有描述，可以參看。不過最後蔣青巖六美同歸，五世其昌，卻未將沈蘭英包含在內，數於純粹的偷情了。

諧老百年」，時議未嘗將此視爲洪水猛獸。

至於正話部分，寫得更是曲折細膩。故事說道張舜美元宵觀燈，偶逢麗女劉素香，驚爲天人，遂施出百般「調光」⑩手段，在其「調挨」之下：

那女子被舜美撩弄，禁持不住，眼也花了，心也亂了，腿也酥了，腳也痲了，痴呆了半晌。四目相睃，面面有情。那女子走得緊，舜美也跟得緊；走得慢，也跟得慢；但不能交接一語。㊶

⑩這段萍水相逢的「調光」手段，可與《水滸傳》中王婆的「挨光計」參看，茲引述如下：「雅容賣俏，鮮服誇豪。遠覷近觀，只在雙眸傳遞；捱肩擦背，全憑健足跟隨。我既有意，自當送情；他肯留心，必然答笑。點頭須會，咳嗽便知。緊處不可放遲，閒中偏宜著鬧。訕語時，口要緊；刮涎處，臉須皮。冷面撇清，還察其中眞假；回頭攬事，定知就裡應承。說不盡百計討探，湊成來十分機巧。假饒心似鐵，弄得意如糖。」在色情小說《春燈迷史》中，作者寫金華與韓嬌娘的元宵相會，亦有「金華與嬌娘只離著一尺來的，彼此又相看了一個不亦樂乎，金華又將紅娘（指蘭兒）一看，再把嬌娘一看，竟嬌娘比紅娘更美十分，恨不能把嬌娘一口吞在肚裡終是他的意思，欲待用言語戲他，怎奈有崔楝與老嫗不離左右，又且人多嘴雜，那裡敢做一聲」（第二回，〈觀鰲燈暗約佳期，越粉牆偷弄風情〉）的描寫，可以參看。

㊶〔明〕馮夢龍：《喻世明言》（臺北：河洛圖書，一九八〇年二月），頁三七〇。

次日，張舜美再往原處守候，劉素香昨夜已是目與心成，留下一個同心方勝，花箋寫下元夜之約，雙雙成就好事。當夜，二人相約私奔，卻爲雜遝人群沖散，劉素香無所歸止，爲老尼收留；張舜美相思三載，復於尼庵重逢，破鏡得圓，更中進士，遂拜望岳父岳母，正式結褵，得成佳話。從邂逅、調情、留箋、幽會、私奔到失散，皆在元夜十三到十五三天內發生，其間的元宵場景，無不發生作用；更有意思的是，在張舜美三年相思之間，還特地寫了一段元宵睹景傷情、懷人的情節，更可見元宵在整個故事中的重要性。這段姻緣，雖是未經父母之命、媒妁之言的私情，但其間還刻意安排了觀音大士的托夢相告，有意藉神啓（天定）來沖淡其間禮教的約制，可謂是後來才子佳人小說的先聲。於是，元宵的空間意義中，又多了個旖旎多情的象徵，由此而言，稱元宵節爲中國的「情人節」，其實也是深具意義的。

(五) 藉燈謎以炫學、刻劃人物、暗示情節

在元宵節中，猜射燈謎的活動是自宋代以來就相沿的習俗。在古典小說元宵場景的設計上，自然也免不了有所表現。基本上，元宵節雖是庶民活動，但庶民在整個元宵節中多半是觀賞者，所能參與的不過是若干買賣、表演事項，許多美輪美奐、豪華富麗的燈架、鰲山，皆是士宦、豪貴所搭建的，而諸多小說所描寫的人物，也多半以這一階層的人爲重心，民間流傳的元宵習俗，如「迎紫姑」、「偷

採蒽」等，皆未在情節中展現。燈謎自明代以來，文人氣息逐漸增濃，寖漸成爲文人士子遊戲文字的一項娛樂，故小說中描摹「燈謎」場景的用意，多半是在誇炫作者的才思。如衆所周知的炫學小說家李汝珍，在《鏡花緣》中見縫插針，恨不得將一身學術本領，盡顯於小說中，在他筆下所摹寫的元宵節，自然就集中在猜燈謎的場景。在第三十一回〈談字母妙語指迷團，看花燈戲言猜啞謎〉智佳國中猜謎的一段，固然可以展現「智佳國」中人的智慧，也頗藉此點出林之洋的粗魯不文、唐敖的才學滿腹，但此段恰恰繼蘭音暢談「聲韻（母）學」之後，「迷」、「謎」相次，其炫學之意較然可知。而吳趼人《二十年目睹之怪現狀》第七十四回〈符彌軒逆倫幾釀案，車文琴設謎賞春燈〉，寫車文琴張燈設謎，九死一生大展身手，連射數條，還得了個「時表」的大獎，用意也在於此。其間的謎底，

元宵放燈

出自《四書》、《五經》者甚多，本就非一般百姓所能參與，而回互其詞、設計機巧，即使文人階層，也未必能射鵠中的。此外，《風月鑑》第十回〈謎罵，春愁〉中，嫣娘、引香、拾香衆女子，亦齊聚猜燈，其謎題較前二書更難㊷，命意亦無非如此。

元宵張燈射謎，文藝氣息自然深濃，此所以《青樓夢》中挹香、愛卿、慧卿衆女，會挑選元宵節當天模仿《紅樓夢》的「海棠詩社」，也開起詩社來的緣故㊸。但這也無形中限制了作者運用的空間，除非是以溫文儒雅、蘊藉風流、詩書滿腹的男女爲主角，否則除炫耀學問、妝點熱鬧外就無用武之地。不過，《紅樓夢》卻是個例外。

《紅樓夢》中有三回寫到有關元宵猜燈射謎之事。其中第二十二回〈聽曲文寶玉悟禪機，製燈謎賈政悲讖語〉中，先是元春於宮中命太監攜出一七言絕句之謎，要衆人猜射，謎面及謎底爲何，皆未透露，但云僅賈環、迎春二人沒有射中；隨後衆小姐、少爺又各出一謎，送入宮中讓元春猜射，元春猜得有中有不中，而俱有賞賜，亦唯賈環、迎春未賞。此節刻意凸顯賈環、迎春之不通文墨，尤其特別針對

㊷ 如「畫了一個似龜非龜的東西，駝著一個碑，那駝碑的前爪拿著一面大鑼，打《詩經》一句」，此謎的答案爲「其樂祇且」，將「快樂」別解成「音樂」而藉大鑼表現出來，是「繫鈴格」；而「且」字又用象形意會成「碑牌」，把虛字作實字解，眞的非常難猜。

㊸ 見《青樓夢》第十八回，〈消除夕四人寫新聯，慶元宵衆美聚詩社〉。

賈環。㊹其後賈母謎興大發，命衆人各自將謎作寫下，一起猜射。從賈母、賈政、元春到衆弟妹都有謎作，作者藉此謎面，刻畫衆人性格，並各有寓意，非常成功的將人物性格及未來處境化入謎面之中，故賈政看了也「甚覺煩悶，大有悲戚之狀，只是垂頭沉思」。茲將之整理如下㊺：

作者	謎面	謎底	解說	寓意
賈母	猴子身輕站樹梢	荔枝	「荔」與「立」諧音。又，猴子屁股是紅色的，與荔枝顏色同。	樹倒猢猻散，暗喻賈府後來的沒落。
賈政	身自端方，體自堅硬，雖不能言，有言必應。	硯臺	硯臺的形製端方、質地堅硬，可用以寫作（言）。	賈政性格的寫照。

㊹ 賈環所製之謎爲：「大哥有角只八個，二哥有角只兩根。大哥只在床上坐，二哥愛在房上蹲。」謎底是「枕頭、獸頭」。文詞既粗俗不文，且純就事物外形、所在設謎，毫無謎味。

㊺《紅樓夢》中的燈謎，尤其是一些未有謎底的謎，歷來紅學家都非常有興趣，但各人憑己意猜測，或中或不中，難於論斷。以下關於燈謎的解說，主要是參看蔡義江《紅樓夢詩詞曲賦評注》（北京：團結出版社，一九九二年）一書的意見，但據其所附的各家解說資料而有所修正。

作者	謎面	謎底	解說	寓意
元春	能使妖魔膽盡摧，身如束帛氣如雷。一聲震得人方恐，回首相看已化灰。	爆竹	從爆竹的形態、功能上命意。	元春命運及賈府榮華終將結束的寫照。
迎春	天運人功理不窮，有功無運也難逢。因何鎮日紛紛亂？只為陰陽數不同。	算盤	從撥打算盤、奇偶互用上命意。	暗示迎春後來嫁給中山狼孫紹祖的悲慘命運。
探春	階下兒童仰面時，清明妝點最堪宜。游絲一斷渾無力，莫向東風怨別離。	風箏	從施放風箏的時節、情狀命意。	暗示探春後來遠嫁不歸，如斷線風箏。

作者	謎面	謎底	解說	寓意
惜春㊻	前身色相總無成，不聽菱歌聽佛經。莫道此生沉黑海，性中自有大光明。	佛前海燈	從其用途上命意。	暗示惜春後來青燈古佛相伴的結局。
黛玉（寶釵）㊼	朝罷誰攜兩袖煙？琴邊衾裏兩無緣。曉籌不用雞人報，五夜無煩侍女添。焦首朝朝還暮暮，	更香	傳神擬出更香的用途及焚燒的情狀。	暗示寶釵日後清冷、憂傷的結局。

㊻ 據庚辰、戚序本補。

㊼ 此詩據畸笏叟所言，爲寶釵所作，其後有人續補了寶玉、寶釵之詩，遂將此詩歸於黛玉。依詩意，確應屬寶釵之作，蓋「朝朝暮暮」、「日日年年」者，正暗示了寶釵日後之一無所得，唯焦首、煎心而已。但如此一來，黛玉豈不就未作燈謎？依黛玉喜逞才的性格而言，當不至於，據畸笏叟「此回未補成而芹逝矣」來看，曹雪芹並未寫完此回，可能黛玉、寶玉的壓軸還來不及寫出就逝世了。

作者	謎面	謎底	解說	寓意
	煎心日日復年年。光陰荏苒須當惜，風雨陰晴任變遷。			
寶玉⑱	南面而坐，北面而朝。象憂亦憂，象喜亦喜。	鏡子	照鏡子之象	後人增補，寓意不明確。
寶釵⑲	有眼無珠腹內空，荷花出水喜相逢。梧桐葉落分離別，恩愛夫妻不到冬。	竹夫人	從外形、用途（夏用秋藏）上命意	後人增補，意在說明寶釵日後的結局。

此外，在第五十、五十一〈蘆雪庭爭聯即景詩，暖香塢雅製春燈謎〉、〈薛小妹新編懷古詩，胡庸醫亂用虎狼藥〉兩回中，先是李紈、李紋、李綺、湘雲各作了燈謎，接著寶釵、黛玉、寶玉亦各有謎如下：

⑱ 此為後人所補，實為舊謎，以曹雪芹在書中呈顯的製謎功力而言，實不可能以抄襲方式為之。

⑲ 此亦後人所補，蓋此詩徑直無餘韻，不類寶釵所作，亦大失寶釵身分。

作者	謎面	謎底	解說	寓意
寶釵	鏤檀鐫梓一層層，豈係良工堆砌成？雖是半天風雨過，何曾聞得梵鈴聲？	松毬	松毬層層疊疊，形如寶塔式的風鈴，但只聞松濤，卻無梵音。	暗喻寶釵機心用盡，卻無收穫。
寶玉	天上人間兩渺茫，琅玕節過謹提防。鸞音鶴信須凝睇，好把欷歔答上蒼。	風箏	疑為風箏。	暗示黛玉死後，寶玉的悲哀。
黛玉	騄駬何勞縛紫繩？馳城逐塹勢猙獰。主人指示風雲動，鰲背三山獨立名。	走馬燈	疑為走馬燈。	寓意不明。

最後，則是薛寶琴的十首懷古絕句的燈謎。此十謎俱無答案，大抵爲呈顯寶琴的才學而設計。㊿燈謎在元宵節中，原不過是妝點熱鬧的益智遊戲，但在曹雪芹筆下，此一場景的設計，不但能呈顯出人物的性格，並隱伏其未來情節的遭遇，運用之妙，的確令人嘆服。

結語

元宵節是中國民俗傳統中的重要節慶，但從文化的角度來說，它不僅僅是依循故事作鋪張揚厲的泛泛慶典而已，而是與全體民衆生活息息相關的實質文化表現，千百年來，此一節慶深入民衆日用倫常之中，展現出活潑、炫麗的民俗生命色彩與民族特色。不過，這還只是元宵節的「實際」狀況，小說中的元宵，基本是爲了配合情節、人物及主題的拓展而「虛構」的場景，此一場景固然承續了民俗中的種種特色，更値得注意的是，作者藉此賦予此一節慶的意義。無論是上述五種運用、表現的任何一種方式，我們都可以察知到，所謂「奢華」、「熱鬧」、「狂亂」、「男女不禁」、「燈謎」等場景，基本上都是元宵空間語義維中固有的意義，而不同類型的小說、不同的作者，在運用上卻各有偏重，互顯異趣，充分展現了中國古典小說在場景設計上的藝術成就。

㊿ 相關的謎底，見蔡義江《紅樓夢詩詞曲賦評注》，頁二六六－二八一。

徵引文獻

(一)古籍原典

1. 漢・鄭玄箋、唐・孔穎達正義：《詩經》，《十三經注疏》，臺北：藝文，一九六五年六月。
2. 漢・鄭玄著、唐・賈公彥疏：《周禮》，《十三經注疏》，臺北：藝文，一九六五年六月。
3. 梁・沈約：《宋書》，臺北：藝文印書館，一九八二年據〔清〕乾隆武英殿刊本影印。
4. 北齊・魏收：《魏書》，臺北：藝文印書館，一九八二年據〔清〕乾隆武英殿刊本影印。
5. 唐・李百藥：《北齊書》，臺北：藝文印書館，一九八二年據〔清〕乾隆武英殿刊本影印。
6. 唐・李延壽：《北史》，臺北：藝文印書館，一九八二年據〔清〕乾隆武英殿刊本影印。
7. 唐・魏徵：《隋書》，臺北：藝文印書館，一九八二年據〔清〕乾隆武英殿刊本影印。
8. 宋・朱熹：《詩集傳》，臺北：臺灣中華書局，一九六九年五月。
9. 宋・蒲積中輯：《歲時雜詠》，《影印文淵閣四庫全書》第五二五，臺北：臺灣商務印書館，一九八六年。
10. 宋・孟元老：《東京夢華錄》，《叢書集成初編》，北京：中華書局一九八五年影印秘冊彙函本。
11. 宋・吳自牧：《夢粱錄》，《宋史資料粹編》第四輯，文海出版社，一九八一年。
12. 元・脫脫：《宋史》，臺北：藝文印書館，一九八二年據〔清〕乾隆武英殿刊本影印。
13. 明・湛若水：《泉翁大全集》，臺北：中央圖書館藏明嘉靖十九年嶺南朱明書院刊萬曆癸巳修補本。

14. 明・張岱：《陶庵夢憶》，臺北：開明書局，一九五七年二月。
15. 明・張溥輯：《漢魏六朝百三名家集》，臺中：松柏出版社，一九六四年八月。
16. 清・聖祖玄燁敕編：《全唐詩》，臺北：藝文印書館，一九六〇年五月。
17. 唐珪璋：《全宋詞》，北京：中華書局，一九九五年六月。

(二)古典小說文本

1. 宋・佚名：《大宋宣和遺事》，臺北：河洛圖書，一九八一年元月。
2. 明・羅貫中原著、吳小林校注：《三國演義校注》，二〇〇〇年九月。
3. 明・施耐庵、羅貫中原著，李泉、張永鑫校注：《水滸全傳校注》，臺北：里仁書局，一九九四年。
4. 明・馮夢龍：《警世通言》，臺北：河洛圖書，一九八〇年二月。
5. 明・馮夢龍：《喻世明言》，臺北：河洛圖書，一九八〇年二月。
6. 明・凌濛初：《二刻拍案驚奇》，臺北：河洛圖書，一九八〇年六月。
7. 明・蘭陵笑笑生：《金瓶梅詞話》，臺北：里仁書局，一九九六年。
8. 明・周清原：《西湖二集》，《古本小說集成》，上海：上海古籍出版社一九九三年據原傅惜華藏本影印及日本內閣文庫本補配。
9. 清・佚名：《混唐後傳》，《古本小說集成》，上海：上海古籍出版社一九九四年據大連圖書館藏芥子園刻本影印。

10. 清・南岳道人編：《蝴蝶媒》，《古本小說集成》，上海：上海古籍出版社一九九三年據杭州大學中文系藏本堂梓本影印。

11. 清・松雲氏撰：《英雲夢傳》，《古本小說集成》，上海：上海古籍出版社一九九三年據北京大學圖書館所藏聚錦堂本影印。

12. 清・眠鶴道人編次：《花月痕》，《古本小說集成》，上海：上海古籍出版社一九九三年據光緒福州吳玉田刊本影印。

13. 清・青陽野人編演：《春燈迷史》，《思無邪匯寶（貳拾參）》，臺北：臺灣大英百科，一九九五年三月。

14. 清・李汝珍：《鏡花緣》，臺北：河洛圖書，一九八〇年二月。

15. 清・吳貽棠：《風月鑑》，《古本小說集成》，上海：上海古籍出版社一九九三年據浙江圖書館藏鈔本影印及北京圖書館藏刻本補配。

16. 清・俞達：《青樓夢》，《古本小說集成》，上海：上海古籍出版社一九九四年據鄭州大學圖書館藏活字本影印。

17. 清・姑蘇如蓮居士編次：《異說反唐全傳》，《古本小說集成》，上海：上海古籍出版社一九九四年據遼寧省圖書館藏本影印及復旦大學圖書館藏本輯補。

18. 清・曹雪芹、高鶚原著，馮其庸等校著：《紅樓夢校注》，臺北：里仁書局，二〇〇三年二月。

19. 清・吳趼人：《二十年目睹之怪現狀》，臺北：河洛圖書，一九八〇年二月。

20. 清・吳友如等繪：《點石齋畫報》，廣州：廣東人民出版社，一九八三年。

㈢ 近人論著

1. 徐岱：《小說形態學》，杭州：杭州大學出版社，一九九二年。
2. 韋勒克（René Wellek）、華倫（Austin Warren）同撰，王夢鷗、許國衡譯：《文學論》（Theory of Literature），臺北：志文出版社，一九七九年。
3. 陳平原：《千古文人俠客夢》，北京：人民文學出版社，一九九二年。
4. 蒲安迪（Andrew H. Plaks）：《中國敘事學》，北京：北京大學出版社，一九九六年。
5. 傅騰霄：《小說技巧》，北京：中國青年出版社，一九九二年。
6. 蔡義江：《紅樓夢詩詞曲賦評注》，北京：團結出版社，一九九一年。
7. 陳熙遠：〈中國夜未眠——明清時期的元宵、夜禁與狂歡〉（《中央研究院歷史語言研究所集刊》75.2，二〇〇四年，頁二八三—三二九。

春風十里清明節

清明正是春時節

在傳統中，一年分爲二十四個「節氣」，依四季的分配，春季有「立春」、「雨水」、「驚蟄」、「春分」、「清明」、「穀雨」六個節氣。「清明」這一節氣，在「冬至」後一百零六天，「春分」後十五天，依農曆算，約在三月初，國曆約當四月四日到四月五日，正是「江南草長，雜花生樹，群鶯亂飛」，萬物潔淨、空氣清新，百卉欣欣向榮、春風十里的好時節。

當寒沍的冷冬過去，蟄伏了一季的人們，當此草木蒼翠、溪水潺湲、百鳥齊囀、萬卉爭發的節候，大自然風物的無邊美景，當然就充滿著無窮的魅力，吸引群衆投入它的懷抱。早在西周時期，就有「仲春之月，令會男女，奔者不禁」的記載，春季原本就是媒合男女最佳時節，「奔」的意思，可能並不是一般人所理解的「私奔」，因爲這是由「媒氏」之官監督之下所進行的，不過，未婚男女在春和景明之下，情生意動，畢竟也與爛漫的春色相得而益彰。

三月上巳修春禊

春草、春樹、春花、春水，與寒冱冰冷的嚴冬，自是兩般景象，嚴酷的寒天融化，春水潺湲，自周代以來，三月上巳居民赴春水邊「修禊」，以清水濯沐、袚除不祥的習俗，已甚為流行，《韓詩外傳》敘述，「三月桃花水之時，鄭國之俗，三月上巳，於溱、洧兩水之上，執蘭招魂續魄，拂除不祥」，儘管民間宗教信仰的儀式與意義，依然是活動的重點，但我們從《詩經．溱洧》一詩中所記載的內容看來，未婚的「士與女」，相互邀約、戲謔，並「贈之以勺藥」，在一片春光當中，浪漫的情愛已悄焉瀰漫，令人心生嚮慕了。

漢、魏、六朝到唐代，三月上巳「修禊」的習俗，相沿而成風，王羲之的〈蘭亭集序〉，就記載著東晉穆帝永和九年（西元三五三年）暮春之際，王謝子弟臨清流而修禊的雅集，至今膾炙人口。在唐人傳奇〈南柯太守傳〉中，淳于棼與槐安國公主的姻緣，也特別提到「上巳日」的時候，淳于棼「獨強來親洽，言調笑謔，吾與瓊英妹結絳巾，挂於竹枝上」的結識經過。

三月上巳，指三月的第一個巳日，與清明節非常接近；此外，還有一個時日也非常接近——「寒食節」。「寒食節」大致在冬至後一百零五天，但各地的算法不一，故常與「清明節」重疊。

寒食上巳入清明

「寒食節」的由來，相傳與介之推抱柳樹而死的傳說有關，大致的內容是說：介之推在晉文公流亡時，忠心耿耿的服侍他，曾在他饑餓斷食的時候，「割股奉君」。但晉文公歸國正位後，大封群臣，卻獨獨遺忘了他。介之推不以爲意，隱居於綿山。晉文公後來想到了他，派使臣邀他出山。介之推說什麼也不肯下山。晉文公就下令縱火燒山，企圖將介之推逼下山來。可是介之推寧死不願出山，抱著一棵柳樹，活活被燒死了。晉文公爲了紀念他，便規定這一天「不准舉火」，就成了「寒食節」。

事實上，「寒食節」與介之推未必有關，而是初民所謂「改火」的習俗相沿而來的。所謂「改火」，即《論語‧陽貨》裡的「鑽燧改火」，大體上，這是與古代曆法息息相關的。遠古時候，古人以「大火」（心宿二）黃昏時現於東方（約春分時期）爲一年之始，天上的「火」既已換新，則人間亦當同時除舊而布新，因此要鑽（木）燧（石）取得新火，象徵新的一年之來臨。後代曆法雖改，但「改火」之事依然留存下來，在「新火」未生之際，家家禁火，或三日或五日，這就是「寒食」的由來。

「寒食節」從漢代開始受重視，到唐代依然非常盛行，在這一天中，君王依慣例必須將「新火」頒賜與群臣，因此，現今《全唐詩》中仍流傳下不少歌詠「賜百僚新火」的詩歌，但是，「寒食」與「清明」也開始混融難辨，兩個節日經常繫聯爲一，如韋應物的〈寒食〉即云：

清明寒食好，春園百卉開。綵繩縛花去，輕毬度閣來。長歌送落日，緩吹逐殘杯。非關無燭罷，良爲羈思催。

不但是「清明」與「寒食」合而爲一，甚至連「上巳」的風俗「綵繩縛花」，也結合在一起，杜甫的〈清明〉詩云：「著處繁花務是日，長沙千人萬人出，渡頭翠柳豔明媚，爭道朱蹄驕齧膝，此都好遊湘西寺，諸將亦自軍中出。」前半首描繪長沙清明節時居民蜂湧外出踏青的盛況，結句又云「況乃今朝更祓除」，更證明了這點。

換句話說，上巳、寒食與清明，雖各有來源，但因時日相近，在唐朝時就已開始結合，相關的活動，也已匯流爲一，成爲一個非常熱鬧的民俗節慶，唐玄宗〈初入秦川路逢寒食〉一詩云：「自從關路入秦川，爭道何人不戲鞭，公子途中方蹴踘，佳人馬上戲鞦韆」，這時正當安史之亂，四川一地，寒食依然熱鬧無比；張說〈奉和聖製寒食作應制〉亦有「從來禁火日，會接清明朝，鬥敵雞殊勝，爭毬馬絕調」的記載。基本上，這些活動都與最適合於戶外開展的春季節候有關。到了宋代以後，清明節籠括了上巳與寒食，並新衍生出慎終追遠的「祭祖掃墓」儀節，與中國傳統的孝道結合，遂成定例，而爲配合現代人的生活作息，更明定爲陽曆的四月五日，這就是如今人所共知的「清明節」了。

清明宜晴不宜雨

提到「清明節」，大概很少人不會想起中唐詩人杜牧最膾炙人口的〈清明〉詩了：

清明時節雨紛紛，路上行人欲斷魂；借問酒家何處有？牧童遙指杏花村。

這首詩流傳廣遠，幾乎可以說是〈清明〉詩的代表作了；可是，也是最容易被誤解的一首。首先，「清明節」是否一定會落雨紛紛？事實上，天氣變化，可陰可晴可雨，杜牧寫這首詩的時候，正巧下著紛紛的雨，即景即事，所以有「清明時節雨紛紛」的句子，賈島的〈清明日園林寄友人〉寫道：「今日清明節，園林勝事偏，晴風吹柳絮，新火起廚煙。」當天無疑是好個天晴日。清明節當然不一定會下雨，古人甚至以「清明節」當天的晴或雨，預卜今年的雨水量，有所謂「清明無雨少黃梅」、「清明曬得楊柳枯，十隻糞缸九隻浮」、「簷頭插柳青，農人休望晴；簷頭插柳焦，農人好作嬌」、「清明晴，萬物成」等諺語，認爲「清明節」是宜晴不宜雨的。

清明疑是嘉年華

其次，「路上行人欲斷魂」一句，常被誤解爲路上掃墓的行人，因時當清明，懷念起已逝去的家人，故而心痛魂斷、心情鬱卒，連帶著，清明節也沾染上悲傷憂愁的色彩。事實上，清明節應有的氛圍，完全相反，是歡悅而喜樂的。杜牧詩裡的「路上行人」，正是他自己——一個漂泊在外的旅人。從唐代開始，清明節就是個歡欣喜樂的節日，是全家出遊、士女約會、文人詩酒的熱鬧節慶，踏青、打球（蹴踘）、拔河（施鉤）、秋千、鬥雞、鏤雞蛋等，無一不是熱鬧而有趣的活動。明、清河北永平府的居民，在清明當天：

> 插柳枝標于户，以迎元鳥，男女並出祭掃……連日傾城踏青、看花、挑菜、簪柳、鬥百草，……家家樹鞦韆爲戲，閨人擲子兒賭勝負，童子團紙爲風鳶，引繩而放之，山原車馬𦍑壘相接，道隅餕餘而多醉歌矣。

壽光縣則是：

> 寒食清明二日禁火，踏青，作戲場，或演梨園，或扮巫鼓，士女雲集，喧闐于道。人家植

雙木于院落，繫繩板爲鞦韆，唐人所謂半仙戲也。又或于市町廣場豎巨木，高數丈，縛車輪于木杪，而垂屈板於週遭，有多至三十二索者，橫巨木于下，而以人力推轉。婦女靚粧，盤旋空中，飛紅颺紫，翩若舞蝶，千百爲群，蹴塵競赴。

如此熱鬧的景象（連「摩天輪」都出現了），較諸元宵節，絲毫不會遜色，是十分「嘉年華」的。

清明節不僅是歡悅的節日，對婦女而言，也是一年中難得可以出門的日子（另一日子是元宵節），傾城出遊，士女雜沓，耳目可以相接，語貌可以親聞，一隙春光，自然難免滲入過去禮教之防的鐵門限，因而也有若干男女情愛的故事發生，其中最有名的就是白娘娘與許仙在杭州西湖的清明節邂逅，所衍生出的《白蛇傳》故事，以及「去年今日此門中，人面桃花相映紅，人面不知何處去，桃花依舊笑春風」的崔護，許多浪漫而帶有點令人低迴不已的愛情故事，都在清明節時逗發；此外，在《警世通言·金明池吳清逢愛愛》的人鬼戀故事中，吳清與愛愛相逢相愛的戀情，也在同樣的春情春景中流傳開來。

溯古回今過清明

清明節，在現行的節日制度中，是「民族掃墓節」，慎終追遠，固是傳統以來一直強調的美德，古代清明節祭掃墳塋也是流傳已久；但緬懷先人，不一定非得悽愴哀傷才可，孔子說：「祭如在，祭神如神在。」中國人清明掃墓，重視的是祭祀之時的誠心與虔意，即便是鮮花素果，只要心中有祖靈在，則祖先自然心滿意足，庇佑子孫。身爲後人的，於追念的哀戚之外，也更應展現出積極與歡樂的朝氣，讓祖先滿懷欣喜的看著我們現今的成就。是以，從古以來，清明祭掃之時，儘管「擔提尊榼，轎馬後掛楮錠，粲粲然滿道也。拜者、酹者、哭者、爲墓除草添土者，焚楮錠，次以紙錢置墳頭」，盡其哀戚之誠，但祭拜完之後，「不歸也，趨芳樹、擇園圃，列坐盡醉，有歌者，哭笑無端，哀往而樂回也。」也仍不失慎終追遠之意。

「追遠」云者，溯古而回今也。或者，這才是眞正傳統的「清明節」吧！

端午節的來源與意義

農曆五月初五，習稱端午節，「端」是「初」的意思，「午」與「五」聲音相通，原來泛指各月初五這一天，由於五月初五具有特殊的意義，因此就被用來專指這一富於民俗與紀念意義的日子。

它的異名很多，有的取其時日上的特色，如「端五」、「重午」、「端陽」（仲夏陽氣最盛）、「天中」、「天長」（仲夏太陽直射，日最長）等；有的取其節日民俗及紀念意義，如「粽子節」、「龍船節」、「詩人節」（紀念屈原）等。名稱儘管不一，各地的慶祝儀式也頗有出入，但是每屆端午，家家戶戶以艾蒲插門，懸掛張天師肖像，佩艾、戴符、掛香囊、繫五綵線、飲雄黃酒；並包裹粽子、舉辦龍舟競渡的習俗，卻是大體相同的。

明、清時代，一般婦女由於社會規範的限制，等閒難以跨出閨門，而此日則得以藉慶典之助，濃妝豔抹、簪花佩飾，相偕出戶，於水邊林下，盡情娛樂，所以又被稱「女兒節」。端午當天，衣香鬢影、街市繁囂，千人共聚、百藝雜陳，鉤繪出一幅繁華熱鬧的景象，自古以來，就是民間最重視的節慶之一。

端午節的由來

端午節的由來，據考證，至少有六、七種說法，而且還不包括少數民族的傳說。中國傳統紀念節日的特色，就是節日與古代名人的緊密聯繫，在這些傳說中，大練水軍而臥薪嚐膽的越王勾踐、辭官自焚的介之推，忠心愛國、諫君而死的伍子胥和屈原，甚至投江覓父的孝女曹娥，都曾雀屏中選。

自漢代以來，端午節已有了二千年的歷史，在文獻匱乏的情況下，我們已難斷定究竟其起源為何。但是，紀念節日既以某種典型的人物為主角，此一人物自身的品格、風範，當然是最重要的考慮，勾踐復國儘管令人稱許，但是他狼顧豺聲，屠戮功臣，未免教人膽寒；介之推不受厚祿，清高固然清高，於儒家所強調的君臣之義，畢竟稍有缺憾；曹娥投江覓父屍，孝則孝矣，未免有幾分愚孝。這三個人物，在為人行事上，多少是有點未愜人意的，因此，以伍子胥和屈原的傳說，較為後世所接受，畢竟，他們共同身體力行的實踐了君臣的倫理，而所謂的「君臣父子夫婦」三綱，正是傳統中國賴以維繫社會的道德力量。近人的研究成果指出，伍子胥可能才眞是端午節的起源；但是，在後代的傳說中，卻以屈原為節日的核心，原因也很簡單，伍子胥固然是盡忠於吳國了，但他原是楚人，為了報父兄之仇，不惜引寇致盜，消滅了自己的宗主國，於楚國則是叛徒；而屈原本是楚國三閭大夫，一生盡忠於楚，不惜投江以諫，再加上他在文學上的成就，自然比伍子胥更為後人所緬懷，而被認定為端午節的唯一紀念人物了。

任何節日的定型，往往都須經過長時期的演變，而在演變的過程中，各種不同的傳說一方面會消失，一方面也會同化或融入主流的傳說中。因此，儘管屈原的傳說最終成爲端午節的核心，並環繞屈原而展開許多專屬屈原的慶祝儀式或活動，如以端午爲詩人節，於是日飲酒賦詩，以文會友；但是，部分儀式也仍然保留了下來，成爲隱於屈原名下的重要環節，而未必只與屈原有關。這點，我們從各種傳說所顯示的特色中，可以窺探出來。端午節的各項儀式，除了詩會專屬於屈原不論外，大抵上可以歸類爲三種：一是祓除不祥，二是龍舟競渡，三是食粽。這三種儀式，皆可看出不同傳說同化或融入的跡象。

端午節治百病

首先，從這些傳說中可以明顯看出，端午節是一個與水有關的節日，伍子胥、屈原、曹娥皆沉水而死；勾踐爲復興越國，大肆操練水軍；就是分明與水對立的，傳說中自焚而死的介之推，既是「五月五日不得舉火」，從水火相剋的角度而言，也未嘗沒有關係。水在中國的傳統觀念中，向來具有滌除不祥的涵義，所謂的「曲水流觴」，即古代三月三日上巳節的水邊修禊，就是明證。

端午節時當盛夏，是一年中最燠熱的季節，尤其是在江南、湘、沅等端午傳說最流行的地方（傳說人物皆屬南方人），一到夏季，更是蚊蚋滋生、疾疫流行的時候，從水具有清淨涼爽及洗淨汙垢的性質上說，以水驅逐燠熱、潔淨身體，原就是古人在醫學尚未發達時強身遠害的方法。端午節的活動，多半在水面或水邊舉行，自然仍留有幾分古代遺意，取其祓除不潔的作用。夏日疫癘流行，五毒（蛇、蠍、壁虎、蜈蚣、螞蜂）繁衍，對人類的威脅極大，大抵古人已具備了粗淺的防治方式，如以氣味濃烈、蟲蟻辟易的艾草、菖蒲、雄黃等物製成香袋，隨身佩戴，以驅五毒即是。古人在醫學未發達之際，只知其然而不明其所以然，往往將疾疫的產生，與鬼神繫聯，認爲是疫鬼從中作祟，而對於能防治疾疫的事物，也未能明白其眞正療治的功能，而將之視爲某種巫術的能力，因此，佩製香囊從實際的功能，轉向成爲一種近於宗教巫術的象徵意義，並從此蛻化成凡是具有趨凶避邪功能的宗教圖籙、符咒，皆可於是日懸掛，以除邪魅。從漢代以來，端午時以五色綵絲繫於臂上，或將艾草、五色絲扭成人形，懸於門戶，而名之爲「長命縷」、「續命縷」、「長壽縷」，並作爲相互贈送的禮物；宋、明、清以來，江南一帶流行在端午節懸掛龍虎山張天師的肖像或五雷符（五雷除五毒），皆導源於此。近代出土的敦煌文物中，有一「端午驅鬼符」，是唐人端午節掛在內室的驅邪符，符旁說明了寫符時的注意事項，一是必須於端午節日出時寫好，二是寫符須以消石粉和墨，三是當日須以藥塗抹身體。消石在中醫藥理中具有「治百病，除寒熱邪氣，逐六腑積聚」的功能，而與符籙並用，最可見其融合的痕跡。

在這裡，五月初五這一天的特殊意義，亦須作一說明。在上述的相關傳說中，伍子胥、介之推、屈原、曹娥都是在五月初五的時候死的，這也是今日端午節定於此日的原因。究竟這些傳說人物是否眞的死於五月初五？於今已難斷定，不過，如此的巧合，顯然不是沒有意義的，勢必五月初五有特殊的背景。聞一多先生曾謂五是「龍的日子」，重五對五的強調性，無非顯示出龍在中國人心目中的特殊地位。他從五行（金木水火土）和五方龍的關係中，中央土龍之位於第五位，解釋「五」爲龍圖騰信仰中的神秘數字；並從後世五綵絲、划龍舟的風俗中，尋得了佐證，可謂頗有見地。但是，中華民族上古的圖騰信仰相當分歧，至少還有鳥、蛇、熊、羆等不同圖騰的發展，而五月五日此一日子，在全中國不同的民族中，卻顯示出難以置信的一致性，是否能用「龍的日子」一言以蔽之，仍大有商榷的餘地。

五月五日的傳說，各民族亦有共通性，此一共通性即在於其辟除不祥上。以滿族的端午節爲例，是爲了紀念一位爲火神燒死的女子（年息）而設，從水火對立的理論而說，可以看作是水信仰的變型；而其中最重要的，是指出年息死後，化爲一種紅花，取此花上的露水，可以治療眼疾及氣管病。端午節的種種傳說，皆與治病療疾有關，後代強調於端午節時合藥、製守宮砂，皆可獲得神奇療效的傳說，正是自此衍生而來的。

何以五月五日所製的各種藥品，具有這種神奇的作用？說穿了，還是因爲盛夏疾病叢生的緣故。從漢代到宋代，民間很流行一種說法，即是所謂的「五月子，長與戶齊，將不利其父母」、「舉五日子，長及戶，則自害，不則害其父母」，五月五日是惡月惡日，諸病叢集之時，生子難育，母親亦容易因衛生不良而生產病，故凡是五月初五出生的小孩，都被認爲是一種災禍，歷史上像戰國時的孟嘗君田文、漢代的大將軍王鳳、劉宋的名將王鎮惡，乃至宋朝的宋徽宗，都因生於五月初五，而被人認爲不祥。儘管這些人日後的結局，都無法證明甚至反證了此說，但亦可讓我們得知五月五日是不祥的日子的觀念，是一直存在的。

所有的疾病，在古人觀念中，皆屬邪崇作怪，從五月五日的盛夏日中而言，疾病最易滋生，當然是不祥的；然而，所謂「禍兮福所倚」，疾病爲陰氣所致，而五月五日又屬陽氣最旺之時，於五月五日合成諸藥，取其陽氣之旺，正可剋治陰氣，後代《白蛇傳》的故事中，屬於陰氣的白娘娘，在陽氣淋漓的端午雄黃酒對治之下，終於顯露原形，爲此說的遺跡。六朝時，端午節一名「浴蘭節」，蓄蘭沐浴以除邪穢，正緣於此。

端午節辟除不祥的儀式，本與屈原無關，但卻在紀念屈原的這個節日當中，保留了下來，直到近代，由於醫學發達之後，療治疾病的意義漸漸失去其歷史地位，而紀念屈原的人文性又逐漸增強，才慢慢被人所淡忘，只餘留若干象徵性（如香袋、菖蒲）的表徵而已了。

端午節的龍舟競渡

端午節划龍舟的儀式和民間吃粽子的習俗，相傳是與屈原有關的，據《續齊諧記》的記載，自屈原五月五日投汨羅江而死後，居民爲了悼念此一偉大的形象，每到此日，輒以竹筒盛米，投入水中祭祀他。漢代建武年間，有一個名叫歐回的人，夢見有一個自稱爲三閭大夫的人，告訴他說：「這些祭品，往往爲蛟龍所食，以後可以用楝樹的葉子插在上面，並用五色絲線綑紮，因爲蛟龍最懼怕這兩種東西。」自此以後，包粽子投入水裡祭祀屈原，並划龍舟，以喧囂的鼓樂聲驅逐蛟龍，就成爲最典型的端午慶典了。

龍舟競渡的相關記載，最早見於梁朝宗懍的《荊楚歲時記》，但是原文只說「是日競渡採雜藥」而已，並未說明如何「競渡」，隋人杜公贍作注，始明言爲舟船競渡，並說明爲「俗爲屈原投汨羅日，傷其死所，故並命舟楫以拯之」。這個說法在《隋書》中被承續下來，〈地理志〉上說得更清楚：

> 屈原以五月望（疑五字之誤）日赴汨羅，土人追至洞庭不見，湖小船大，莫得濟者，乃歌曰：「何由得渡湖！」因爾鼓櫂爭歸，競會亭上，習以相傳，爲競渡之戲。其迅楫齊馳，櫂歌亂響，喧振水陸，觀者如雲，諸郡率然，而南郡、襄陽尤甚。

但是，杜公瞻實際亦不敢肯定，於是又引了邯鄲淳〈曹娥碑〉的記載，認爲是紀念伍子胥的活動，並引《越地傳》，以爲與越王勾踐有關。究竟底細爲何，他也只有一句話：「不可詳矣！」龍舟競渡的風俗，大約起於隋唐之際，這點，我們從六朝時關於端午節的詩文記載，皆未提及此事，可以窺探得知。唐人如張說、儲光羲、張建封等，開始有「畫作飛鳧艇，雙雙競拂流，低裝山色變，急棹水華浮」、「落日吹簫管，清池發櫂歌，船爭先後渡，岸激去來波」、「鼓聲三下紅旗開，兩龍躍出浮水來，櫂影臥波飛萬劍，鼓聲劈浪鳴千雷」的競渡描寫，從「飛鳧」和「兩龍」的異趣描寫中，可見唐時競渡還未必是用龍舟，是故宗懍所說的「競渡」，是否即划龍舟已大有可疑，甚至，極可能是如《越地傳》所說的「各尙其勇，爲鶩沒之戲，有至水底，然後魚躍而出」，純粹比賽水性的競技，當然，是否爲拯救伍子胥或屈原，就更值得懷疑了。

事實上，端午節的競技活動，不止龍舟競渡而已，宗懍就提到過當時還有類似「相撲」的競技項目，爾後各地方的端午節慶典，還有射箭、擊毬、走馬等各色競技。所謂的競技，當然具有賭賽的意涵，負者雖未必受罰，但勝者必有賞賜，重要的是考驗各種能力，而這些能力，又多半與行陣作戰有關，這不免令人聯想到勾踐大練水軍的事。水戰最重要的精通水性、隔船放箭與船速輕捷，這些，端午節的競技皆具備了。因此，我們可以相信，《越地傳》競技始於越王勾踐的說法，是較接近眞相的。清代的嘉興地方，端午節的競技，往往將一群鴨、鵝拋於水面，讓龍舟上的水手躍入波中爭奪，以多寡爲勝負，想來猶有幾分古意。事實上，競技的目的，乃在強身，強身方能免疫，這與端午節辟除不祥的意涵，也是相通的。

大抵上，龍舟競技的前身，應是一種防身遠疫的活動，勾踐操練水軍的明定賞格，加速了此一活動的普遍化，而由於屈原和伍子胥傳說的抬頭，使得勾踐逐漸淡化出去（後來的伍子胥亦遭淡化），而轉向屈原集中，而其間屈原之所以與龍舟發生關係，關鍵還不在是否如《隋書》所說的欲「拯救屈原」，而在於粽子。

端午節與粽子

端午節吃粽子的起源，自晉代就已經開始，這點，周處在《風土記》中已有記載：

> 先節一日，以菰葉裹黏米、栗、棗，以灰汁煮令熟。節日，又煮肥龜，令極熟，去骨，加鹽、豉、麻蓼，名曰葅龜黏米，一名粽，一名角黍。蓋

取陰陽包裹之象也。龜甲表肉裡，陽外陰內之形，所以贊時也。

所謂「陽外陰內」，即指仲夏陽氣雖盛，但往往致病，陰祟中於人身；而「贊時」之意，則指人事與天時的配合，古人相信，這是一種趨吉避凶的方式。可見食粽子原有驅邪祟的用意，本不限於端午節煮食，據北魏賈思勰的《齊民要術》所載，在夏至當天也可以食用。至於將粽子投於江水，據推斷應該是古代水祭的儀式，此一祭典，據邯鄲淳〈曹娥碑〉及《後漢書》、《世說新語》的說法，應是祭江神伍子胥，故有「時迎五（伍）君」、「迎伍君神」之語，原未必與屈原有關。《風土記》所載，大抵是屈原傳說逐漸凌駕伍子胥後才產生的，而且結合了端午祓除不祥的用意，假借屈原託夢，於竹筒納米之外，又綁上五色綵線和楝葉。

五色綵線，據《荊楚歲時記》所說，「以五綵絲繫臂，名曰辟兵，令人不病瘟」，具有除疫功能；楝葉即梅檀木的葉子，形狀頗小，爲二回或三回的羽狀複葉，時人於端午節時以楝葉插頭，顯然亦具除疫作用。今人解釋端午節粽子的由來，以爲是先有竹筒納米習俗，因屈原託夢，纔改爲用箬葉裹粽，其實乃是誤解，因爲楝葉形小，根本不可能包裹成粽子，蓋原先就以菰葉（茭白筍的葉子）裹粽。菰葉以生長南方爲多，故食粽的習俗原也從南方開始，《宋書》曾載張暢致送北魏太武帝的禮物，就有雜色粽子一項，可見此時北方還未流行，及至食粽習俗傳布全國，菰葉不易取得，故以竹葉代替。屈原傳說流行全國，食粽子自然也成爲端午節的習俗之一，結合著競渡儀式，賽龍舟自然也具有爲屈原驅逐水中貪吃的蛟龍之用意了。

從以上的論述中，我們不難發現，端午節的各種儀式或活動，本來皆未必與紀念屈原有多大的關係，端午節之成爲一固定的節日，原來就是融合各種傳說而定型的，而屈原，則因其個人偉大的人格，於衆傳說中脫穎而出，成爲紀念日的核心人物，這無非反映了傳統中國人的歷史和價值觀。時至今日，儘管從文獻的考定中，我們可以推斷屈原與端午節的關係並不如想像中的密切，但是，卻不妨害我們對屈原的敬重，更不會質疑端午節的紀念性意義，因爲，幾千年的文化累積，其實是中國人心目中的價值觀的投射，紀念屈原，亦無非是對某種理想人格的緬懷或期許而已，而此一緬懷，是超越節候的，於端午節紀念，僅是一種象徵，在平常的日子，又何嘗不會感懷？

從端午節看中韓文化

「非物質文化遺產」惹禍

西元一九八九年，聯合國「教科文組織」通過了〈保護民間創作建議案〉，其後，對所謂的「非物質文化遺產」，更作成保護、獎勵的決議。此一「非物質文化遺產」的設置意義，原爲推促世界各民族對自身影響深遠的文化及藝術創作的重視，它一視同仁地將各個不同國家、民族、地區的文化，看成是全世界人類共有的「文化遺產」，無疑地，是具有消弭文化差異、偏見以及推促世界邁向眞正和平的重大意義的。自此以後，世界各國也莫不積極推展、擴衍此一對民族文化有關的「遺產」的申報，西元二〇〇一年，中國大陸的「中國昆曲」列入首批被認可的項目中，緊接著，西元二〇〇三年，「中國古琴」也申報成功，到目前爲止，中國大陸已申報成功三十餘項，並已投入數以億計的經費保護、推展這些「文化遺產」，從文化的角度而言，想來這應是所有的華人所樂見而肯定的。

不過，在如此大張旗鼓的推闡、宣揚背後，中國大陸仍不免有藉「文化遺產」的申報以展現國力、政治企圖的目的，西元二〇〇六年，中國國務院表示：

保護和利用好非物質文化遺產，對於繼承和發揚民族優秀文化傳統、增進民族團結和維護國家統一、增強民族自信心和凝聚力、促進社會主義精神文明建設都具有重要而深遠的意義。

換句話說，在他們的心目中，文化遺產的項目申報成功的越多，就越能展示中國文化的優越性，越能達到國家統一的政治目的。就百年以來積弱不振、兩岸分治，中間又因「文革」停滯達三十年的中國而言，如此的思維，是其來有自的。其實不止中國，世界各國藉此以凸顯自我文化強勢的意味，也都一樣明顯。這不僅與原來「文化遺產」設置的意義相衝突，同時也成為後來各國「文化角勝」的直接根源。

近幾年來，密邇接壤、文化相染甚深的中韓二國，就深陷在此一「文化角勝」的漩渦中而無以超脫。

網路僞造假訊息——韓國人的「剽竊」

西元二〇〇二年，韓國以「江陵端午祭」申報文化遺產，由於「端午」向來是中國民俗的三大節慶之一，消息披露，立刻引起了華人的不滿與憤怒；緊接著，一連串半眞半假、似眞似假，甚至純然造假的相關新聞，不時在各媒體與網路上喧騰，諸如「孔子是韓國人」、「孫中山是韓國人」、「朱元璋是韓國人」等等，甚至連「王建民是韓國人」荒謬消息，都不脛而走，大肆氾濫，造成了韓國人「剽竊」中華文化的負面印象，引惹起莫大的風波。

平情而論，罪魁禍首是網路上率爾爲文的不實消息，而專業不足、聞風起舞的媒體記者則是推波助瀾的劊子手，中韓政治、文化過去的不平等交流是遠因，中韓兩國的劇烈競爭是近因，而兩國人民的民族性則是其中的關鍵。

網路的快速發展，使得資訊的取得較諸過去十年不啻容易了千百倍以上，但提供這些資訊的人顯然是「人心不同，各如其面」的，因此網路上能蒐尋到的資訊，固然也有相當眞實可靠、足資引據的，但更充斥著五花八門、千奇百怪，甚至令人百思不得其解的訊息。許多發表欲強烈的人，私心自用，藉網路以散發、傳播個人極度主觀的好惡，或譏刺、或謾罵、或詆毀，而皆不會受到任何的譴責或處罰；

用者不察，對若干表面上言之成理、論之有據，而又具有聳動性的訊息，更是輾轉輪貼，絲毫未加以求證。這導致網路成爲假訊息、僞消息、錯謬資訊滋生、傳播的溫床——這已是目前網路無可救藥的沉疴，短期內恐無改善的可能。

如此充滿陷阱、危機的網路資訊管道，有識者早已心有警惕，在運用時都會主動過濾，或細加求證，以免誤蹈機阱、貽笑大方。媒體記者，理當屬於這些「有識者」之一，畢竟，記者的專業程度，就十足仰賴於此。然而，有若干質素不佳的記者，或欲求速成，或別有居心，對某些具有聳動社會聽聞的訊息，如蒼蠅之嗜血，居爲奇貨，率爾引用；而媒體本身的公信力無疑又較其他管道來得高，一旦經由媒體披露，此一僞劣的訊息，三人成虎，搖身一變，就儼然成爲確有其事的「新聞」了。此一「新聞」影響力之深遠，是非常驚人的，儘管後來會因其中出現明顯的破綻而獲得「澄清」，但已無法動搖原有的「新聞」在人們心中根深柢固的印象。「韓國人剽竊中國文化」的負面印象，就是在這種錯誤輾轉衍生下所造成的。以「王建民是韓國人」爲例，經查證，原是一位網友因不喜歡韓國人，在網路上所寫的嬉笑怒罵文章，根本是子虛烏有之事；而「孫中山具有韓國血統」，據傳的消息來源的《朝鮮日報》亦已發表聲明，絕無報導過類似的新聞，顯然也是網路上的訛傳——但是，印象已然形成，沒有人會加以理會，你現在去徵詢一般人的意見，一百個人裡，肯定有九十九個人「認定」：韓國人「就是」如此可恨、可惡、可惱的「剽竊」民族！

「江陵端午祭」——積極進取的韓國

當然，此一「負面印象」的造成，所謂「冰凍三尺」，絕非只是單純來自網路的不實消息而已。在地理位置上，韓國位處於中、日之間，自古以來，就飽受中日兩國政治、文化的莫大影響。基本上，中韓的關係雖戰和不定，但大抵介在「天朝」與「準藩屬國」之間，彼此間的文化交流關係，遠較政治來得密切，尤其是禮俗文化與詩詞古文、儒家思想的交流，更是頻繁，此所以韓國有許多民俗節日、禮儀服飾、醫療飲食是與中國雷同的。當然，誠所謂「橘踰淮而北爲枳」，在韓國土風的浸染下，源自中國的若干禮俗也發展出其獨特的民族色彩。以最早引發爭議的「江陵端午祭」而言，雖是也是「端午節」，也紀念屈原，同時，在節日中所進行的許多慶祝活動，如盪鞦韆、摔角、表演戲劇、配戴菖蒲以避邪等，與中國古代在端午節所進行的慶祝活動頗爲相類，不過，「江陵端午祭」主要的是山神（城隍）信仰，慶祝的時間長達三十餘日，可說是江陵地區的嘉年華，這與中國僅以五月五日慶端陽，且將重心置放在以屈原爲代表的藝文性儀節，是有很大的不同的。「非物質文化遺產」本就是以保存、發展民族文化傳統爲目標，韓國「江陵端午祭」已有千年歷史，以此申報，自是順理成章的事，也未必與中國的端午節有何衝突。

問題在於，中國人向來以「天朝」俯視四鄰的「準藩屬國」，心高氣傲，往往無視或無法忍受四鄰的憤發圖強；而韓國則在明、清以來，一連串經歷日本幾波的侵略、占領，以及南北分裂、美軍進駐等的壓迫與委屈下，從自卑逆轉為極力爭取民族的自尊心，自朴氏倒臺後，韓國布局世界的積極進取心，從小馬汽車、動漫科技、職業運動賽、亞運、奧運，乃至於以影視文化、民族禮俗，無一不展現了強烈的企圖心，且成就日益不可小覷，這對中國而言，既是一種挑戰，也是一種壓力，「是可忍，孰不可忍」？因此，狹隘的民族觀念橫掃一切，將歷來在國際競爭上的失敗情緒（尤其是運動競賽場上），一股腦藉此無關緊要的芝麻小事加以擴大、發洩。

當然，韓國人過於強烈的自尊心，有利亦有弊，如韓國學界有關朱元璋、李時珍是否為中國人的討論，錯謬百出，根本就是學者故作驚人之語，以博取聲名，而韓國媒體也不究其所以，誇大渲染，以非當是，尤其是一些運動競賽，小動作頻頻，這種為了爭取國際聲望而不擇手段的態度，頗令人反感。但是，不可否認的，近十年來，韓國在各方面的表現，真的讓人刮目相看，「他山之石，可以攻錯」，身為中華人，韓國人能，我們為何不能？《大長今》、《朱蒙》、裴勇俊、安在旭等為代表的「寒流」，難道不能引發我們披上重裘以「禦寒」的積極作為嗎？

禮失求諸野

說穿了，這還是中國人的民族性作祟。柏楊先生曾說「中國人是在醬缸文化中成長的」，「醬缸文化」最顯著的特徵是在醬缸中年淹代遠的浸泡下，已缺乏反省認知的能力，不僅僅只如井蛙窺天般，沾沾自喜於昔日的光榮，更糟糕的是習焉不察已久的麻木，寖漸連究竟昔日的光輝與榮耀是什麼都不甚了了。傳統，只是被祭出來當個形式、口號而已，經常是要外國人如發現新大陸般的點出、援用，我們才恍然大悟：噢！原來我們的醬缸裡還是有些滋味的！兩岸三地，雖有政治結構上的差異，但大體如此。這次韓國申報「江陵端午祭」，似乎才突然讓中國人驚覺：原來端午節是有如是豐厚的文化內涵；其實，我們倒不妨捫心自問，傳統中的各種節慶，我們眞正了解多少？過年，年味淡薄得如蒸餾水，稀疏冷落的鞭炮聲，喚不醒沉睡已久的舞龍舞獅；東風夜放花千樹的元宵，魚龍冷落，連花燈、射謎都已然消失；清明節在政令宣導下，從歡樂嘉年華變成了全民的哀戚日；端午節似乎也只剩龍舟與粽子，屈原還是寂寞地沉沒在汨羅江底；中元普渡，連神豬比賽都引發非議；中秋節晶瑩剔透的月亮，照見的只是滿地的垃圾與殘餚。細數傳統節慶，竟皆不如西方的萬聖節和聖誕節來得更活躍、更具現代生命力。試問，我們還有什麼資格宣稱這些傳統的節日是我們的？

眼看著，虎年的端午節又要到了，我們除了聊備一格的開個詩人節大會，賽一場關起門來自娛的龍舟外，還會有什麼可以從傳統文化內涵中提煉而出、足以使全世界華人都能共同參與、共同歡娛、共感榮耀的活動內容？

我很擔憂，以後的端午節，會不會要搭乘飛機到韓國江陵才能眞正的感受到？

團圓拜月話中秋

農曆八月十五中秋節，又名月節、月夕、八月半、仲秋節、端正節、團圓節等，是中國傳統民俗的四大節日之一。節名「中秋」，與其時序的關係非常明顯，中唐詩人歐陽詹謂「秋之于時，後夏先冬；八月于秋，季始孟終；十五于夜，又月之中。稽于天道，則寒暑均；取于月數，則蟾兔圓」，正作了確切的說明。

秋天是一年中寒暑最均衡的時序，不冷不熱，天高氣爽；八月十五，又是中天月亮最清最圓最亮麗的時刻，即所謂的「月到中秋分外明」。儘管，從科學的角度來說，中秋月未必眞的最圓最亮，但一代一代的中國文化傳統不斷在月亮之上拂拭拋光，卻使得這一天、這一晚的月亮，是較諸其他任何時刻更清圓亮麗的了。「海上生明月，天涯共此時」，無論身在何地的中國人，每逢中秋，舉頭望月，在一輪瑰豔的月魄中，所見所思的，都濃濃郁郁的沾染著獨特的中國傳統文化韻致，而無疑地，此一韻致，正如芳輝遍照的玉輪，也是最美麗、最繽紛的。

月亮的神話與傳說——嫦娥、蟾蜍與玉兔

中國人尊天敬地，於日月山川，亦往往充滿崇敬報德之心。上古帝王，於一年之中，都有「朝日」、「夕月」的祭拜儀式。據鄭玄對《周禮》的註解，「天子常春分朝日，秋分夕月」，歷代帝王頗有因襲，均選擇在秋分舉行祭月的典禮（秋分節氣中，滿月當天即中秋），唐代甚至還特別爲「夕月」編寫「夕月樂章」，以表重視；明清兩朝，則在北京西郊的月壇（今北京阜成門外的月壇公園），依慣例祭月。

祭日、祭月本是古代天子的專權，據《國語‧周語》所載，其目的在於：「古者先王既有天下，又崇立于上帝明神而敬事之，于是乎有朝日夕月，以教民事君。」是神聖、嚴肅，而帶有濃厚政治教化用意的，與後世中秋節所象徵的團圓、歡樂、祈福氣息，迥然有別。因此，是否是中國傳統中秋節的起源，恐怕是值得懷疑的。

不論是「江畔何人初見月」，也不管是「江月河時初照人」，可以肯定的是，「月兒彎彎照九洲，幾家歡樂幾家愁」，同樣一輪冰月，看者不同，所見所思也就往往各異。古代帝王尊崇天地日月，教民以祀，無非在表明「王者至尊，猶朝日夕月，況民得不事君乎」的道理，故所見之月，神聖而莊嚴；但一般老百姓，因民俗傳統、浪漫文學、謬悠神話的影響，所見之月，富涵哲理、情思，更具有瑰麗、燦亮的色彩。

當你仰首穹蒼，面對一輪皎潔明麗的月魄，你會想到什麼？《詩經》裡陳地的詩人寫道：「月出皎兮，佼人僚兮，舒窈糾兮，勞心悄兮。」美麗的月兒，總讓人思念起心中美麗的身影。楚地的屈原，則不禁會疑惑地問：「夜光所德？死則又育，厥利維何，而顧菟在腹？」儘管阿姆斯壯那無情的一大步，似是踩碎了月亮的神秘面紗，但對中國人來說，卻反而是無足輕重的，因爲我們仰首穹蒼，在皎潔的月色下，眼中、心中躍動的仍是縹緲的廣寒宮、美貌的嫦娥仙，還有玉兔、蟾蜍、吳剛、桂樹，以及我們最親愛的家園與情人。

是中國傳統神話爲我們增染出這種瑰麗色彩的。詩人余光中贊美希臘神話，有「你看那天空多麼希臘」的名句，的確，相較於希臘天上眾神的浪漫與瑰奇，中國的天空眞的是「不太希臘」，但中國的月亮卻是「十足的中國」。早在戰國時代，《歸藏》中就記載著：

> 昔嫦娥以西王母不死藥服之，遂奔月爲月精。

「嫦娥奔月」的傳說，千百年來，早已成爲中國人心中不可搖撼的月亮信仰，環繞在嫦娥周遭的人與事，也同樣根深蒂固的茁長在中國的每一片土壤上。大抵上，漢代的《淮南子》所說的故事梗概，可以視作許多不同故事的原型：

羿請不死藥於西王母，姮娥竊以奔月，悵然有喪，無以續之。

后羿是中國神話傳說中射日的英雄，嫦（姮）娥理所當然的就會被想像成風姿綽約的美麗仙子。英雄美女，可以有怎樣的故事，神話傳說就可以形成怎樣的面貌。嫦娥爲何要拋開英雄丈夫后羿，遠離人間世，遁躲至廣袤而寒涼的月宮，以至「碧海青天夜夜心」？神話中沒有傳述，但答案自在後世每一個人的心裡。無論如何，幽居月宮的的嫦娥是寂寞淒清的，因此，我們爲她蓋設了瓊樓玉宇的廣寒宮，爲她稍補於萬一，也爲她找了忠心耿耿、可愛單純的玉兔作玩伴，同時，還讓犯罪補過的吳剛，當她的宮中侍衛。這是多麼淒美的神話傳說！

不過，美麗的嫦娥仙子究竟是不是月亮神話

最早的形貌？東漢的張衡在《靈憲》中提到：

嫦娥，羿妻也，竊西王母不死藥服之，奔月。將往，枚占於有黃。有黃占之曰：「吉，翩翩歸妹，獨將西行，逢天晦芒，毋驚毋恐，後且大昌」。嫦娥遂托身於月。是爲蟾蜍。

想來這才是最早的月亮神話。不過，由於戰國時的屈原在〈天問〉中曾質疑過「顧菟在腹」，據學者考論，極可能在戰國末期，玉兔的神話就已經逐漸成形了。因此，到了漢代，這兩種傳說揉和爲一，同時出現，劉向的《五經通義》中，就兔、蛙並舉，說「月中有兔與蟾蜍何？月，陰也；蟾蜍，陽也。而與兔並明，陰繫於陽也。」西元一九七二年在湖南長沙馬王堆漢墓出土的帛畫中，就明顯的可以看到玉兔和蟾蜍同時並

馬王堆出土的漢代帛畫，右上角日中有三足烏，左上角月中同時有蟾蜍與兔子。

存於月亮之中（圖的左上角）。

蟾蜍與兔子，在中國初民的觀念中，都是種族繁衍的象徵。種族繁衍，代表生生不息、子孫綿延，從另一個角度來看，也就等於長生不死。因此，蟾蜍和兔子在傳說中都與擁有「不死藥」的西王母有關，而在漢代出土的畫像磚中，也常以「搗藥」的姿態出現。可能是因爲清朗皎潔的月亮，實在很不容易與外形醜陋、疙瘩滿身的蟾蜍聯想在一起，因此兔子逐漸占了上風，遂取代了蟾蜍，成爲陪伴在嫦娥身畔的忠心寵物了。

明、清兩朝，兔兒爺的傳說最爲盛行，每逢中秋節，北京城中都有商賈販售泥製的兔兒爺，供小朋友賞玩、祭拜，甚至若干機伶的商人，還會打扮成兔子的模樣，以招攬顧客。清末富察敦崇的《燕京歲時記》記載：

每屆中秋，市人之巧者用黃土摶成蟾兔之像以出售，謂之兔兒爺。有衣冠而張蓋者，有甲冑而帶纛旗者，有騎虎者，有默坐者。大者三尺，小者尺餘。其餘匠藝工人無美不備，蓋亦謔而虐矣。

直到現在，北京仍有民俗藝人精擅此道，每逢中秋，北京地壇公園，亦往往有商人擺攤販售。

從祭月到賞月、玩月

當古代帝王以虔敬肅穆的心崇祀月神的時候，一般民衆仰首明月時，卻發覺清光滿溢的月色，卻是與人分外親近而可愛的，正所謂「一年幾見月當頭」，良辰美景，豈不應有賞心樂事？漢末六朝時期，中國人，尤其是文人，對皎潔的月色，格外情有獨鍾，開始出現了大量的玩（翫）月、賞月、望月的詩篇，儘管此時所賞的月，不見得是中秋月，但無疑地，「月到中秋分外明」，「此生此夜不長好，明年明月何處看」？風流蘊藉的文人是萬萬不肯錯過的。自唐代而下，中秋月就逐漸成爲詩人文人歌詠的重要對象。南宋朱弁《曲洧舊聞》說：「中秋玩月，不知起何時，考古人詩賦，則始于杜子美。……然則，玩月盛于中秋，其在開元以後乎。今則所在皆然矣。」杜甫的確有〈八月十五夜月二首〉中秋賞月詩，不過，在杜甫之前的李嶠，就已有了如下兩首〈中秋月〉的詩篇：

盈缺青冥外，東風萬古吹。何人種丹桂，不長出輪枝。

圓魄上寒空，皆言四海同。安知千里外，不有雨兼風。

不過，杜甫雖非第一人，朱弁所說中秋賞月盛於唐玄宗開元以後的論斷，還是相當可信的。歷代詩文之士有關中秋月的名篇佳句，多得不可勝計，其中蘇軾的〈水調歌頭〉最是膾炙人口：

明月幾時有，把酒問青天。不知天上宮闕，今夕是何年。我欲乘風歸去，又恐瓊樓玉宇，高處不勝寒。起舞弄清影，何似在人間。
轉朱閣，低綺户，照無眠。不應有恨，何事長向別時圓。人有悲歡離合，月有陰晴圓缺，此事古難全。但願人長久，千里共嬋娟。

筆者個人則最欣賞辛棄疾以模仿〈天問〉體製所寫的〈木蘭花慢〉：

可憐今夕月，向何處，去悠悠？是別有人間，那邊才見，光影東頭？是天外、空汗漫，但長風、浩浩送中秋？飛鏡無根誰繫，姮娥不嫁誰留？
謂經海底問無由，恍惚使人愁。怕萬里長鯨，縱横觸破，玉殿瓊樓。蝦蟆故堪浴水，問云何、玉兔解沉浮？若道都齊無恙，云何漸漸如鉤？

賞月、玩月，當然不能光憑一個人、一雙眼睛，還得有朋友同儕，還得有活動，更得有瓜果食品、醇酒美人，相傳唐玄宗在禁中偕同楊貴妃賞月，就已特別備有「玩月羹」，其他瓜果酒品，絲竹管絃，自是不會缺席。這與當代臺灣流行的「中秋烤肉」完全是同一心理。

「玩月羹」究竟是如何調製、料理的，文獻有闕，已然無法考究；但賞玩中秋月，連帶著大快朵頤，滿足口腹、耳目之欲的習俗，宋代以來就非常盛行，所謂的「中秋節」，也正式宣告成為一年四節慶中的重要節日。蘇軾的詩中，曾提到「小餅如嚼月，中有酥與飴」，在應景食品中，以麵粉包餡、形如滿月的餅，北宋已經出現，到了南宋周密的《武林舊事》中，更直接就以「月餅」稱呼了。明清兩朝，月餅是中秋節不可或缺的食品，除了餅形圓滿如月可象徵團圓之外，親友間更相互饋贈，人月雙圓，誰不期盼？是以直到現代，還是普遍流行。月餅的製作，花樣翻新，更逞奇巧，甚至還有人製成了直徑四．一二公尺，重達二．二噸，破金氏世界記錄的超大月餅。

中秋節的民俗活動——拜月、搀蔥

宋代以後，中秋節成為重要的民俗節慶，當日有關的活動，夜以繼日，相當的多采多姿，據孟元老的《東京夢華錄》所載，北宋當時汴京的秋節盛況：

中秋節前，諸店皆賣新酒，重新結絡門面，綵樓、花頭、畫竿、醉仙錦旆，市人爭飲。至午未間，家家無酒，拽下望子。是時，螯蟹新出，石榴榅勃，梨、棗、栗、孛、萄、弄色、棖橘，皆新上市。中秋夜，貴家結飾臺榭，民間爭占酒樓翫月，絲篁鼎沸。近內庭居民，夜深遙聞笙竽之聲，宛若雲外。閭里兒童，連宵嬉戲，夜市駢闐，至於通曉。

吳自牧的《夢粱錄》也描畫了南宋杭州中秋節的繁華與熱鬧，強調連貧苦人家，即便生活拮据，還是得典衣當物，購酒賒物，以歡度中秋。到了明清，盛況更是空前，晚明人張岱在《陶庵夢憶》中描寫蘇州虎丘中秋夜，從黃昏到深更夜半的熱鬧，較諸當代，不遑多讓。

基本上，酒食羅列，管絃並作，遊人雜遝，車馬喧闐，是歷來中秋節各地共有的景象；但因爲各地風俗民情不一，這些民衆所從事的活動、飲食、習俗，有時候則各有異趣。其中，拜月以及食月餅，無疑是最具普遍性的。食月餅的習俗，前已述明，今就「拜月」作扼要的闡說。

中秋拜月，自然與古代天子的祭月不無關係，但仔細推究，卻又同中有異。自宋代開始，民間就有中秋拜月的習俗，宋人金盈之在《醉翁談錄》中記載：

中秋，京師賞月之會，異於他郡。傾城人家子女，不以貧富，自能行至十二三，皆以成人之服服飾之，登樓或于中庭焚香拜月。各有所期：男則願早步蟾宮，高攀仙桂，所以當時賦詞者，有「時人莫訝登科早，只爲常娥愛少年」之句；女則澹竚粧飾，則願貌似常娥，員如皓月。俗傳齊國無鹽女，天下之至醜，因幼年拜月，後以德，選入宮，帝未寵幸，上因賞月見之，姿色異常，帝愛幸之，因立爲后。乃知女子拜月有自來矣。舊傳是夜月色明朗，則兔弄影而孕，生子必多，海濱老蚌吐納月影，則多產明珠，比明年採珠捕兔者，卜此夕爲驗。

不過，金盈之特別強調「異於他郡」，顯然不能當成慣例。事實上，「拜月」通常屬女性的特權，故清代有「男不拜月，女不祭灶」的俗諺。而且，拜月也不限於中秋，元代關漢卿的〈幽閨怨佳人拜月亭〉雜劇中，王瑞蘭與蔣世隆被迫分離後，焚香拜月，並未特別挑選中秋節，同時，王瑞蘭對月祝禱：

天哪！這一柱香，則願削減了俺尊君狠切；這一柱香，則願俺那抛閃下的男兒較些。那一個爺娘不間迭，不似俺、忒嘽嗻，劣缺。……願天下心廝愛的夫婦永無分離，教俺兩口兒早得團圓！

顯見女子拜月，祈求的婚姻愛情如願，而不是金盈之所說的「貌似嫦娥」。在前文中我們已說明過，月中玉兔與蟾蜍所象徵的意義是子孫繁衍、後嗣綿長，因此，我們有理由相信，女子拜月，定然與此神話的傳衍有關。明清以來，多數地區的相關習俗，也都與此有關，例如臺灣地區中秋節流行「偷採蔥」的習俗，語云：「偷挽蔥，嫁好尪」即是；湖南常德地區，流行「摸秋」、「送瓜」、江浙一帶流行「偷瓜送子」，安徽懷寧有「偷瓦」（瓦，即《詩經》中的「弄瓦」）習俗，都是女子在中秋慣行的儀典，祈求月娘保佑未來婚姻與愛情的順遂。

從子孫繁衍到婚姻如意，自然也不是一蹴即成的，在此，唐代韋固有關「月下老人」的傳說，顯然具有推波助瀾的效應。在月下老人的傳說中，韋固所見到的月老，是在「新月」下看姻緣簿，本未必與中秋月圓時有關，故臺灣通常是選擇中國的情人節七夕當天祭拜月老。

不過，月下老人畢竟年事已高，婚姻大事，可千萬不能以昏耄老眼，亂點鴛鴦。也許，讓他老人家在澄潔明淨的中秋滿月下翻看姻緣簿，會讓全天下如同王瑞蘭般「願天下心廝愛的夫婦永無分離，教俺兩口兒早得團圓」的幽閨佳人，更能放心大膽的向月神祈祝吧！

門神知多少，一一說分曉

頭銜初換喜新遷，印綬長披玉闕前。從此門前無狗盜，勞他鎖鑰管年年。

這是清代竹塹名人，有「開臺黃甲」（臺灣第一個進士）之稱的鄭用錫（西元一七八八～一八五八年）〈元旦新門神到任〉所詠的「門神詩」，從「印綬」、「玉闕」的用語推測，所詠的應是「文門神」，這和我們一般認定，以「神荼、鬱壘」與「秦瓊、尉遲恭」兩組爲主的「武門神」有很大的差別。武將門神容貌壯偉、氣勢崢嶸，執鞭操鐧，戟衛森嚴，左護右庇，防禁一應邪穢、鬼怪入門侵擾，可保家居平安；文官門神則通常和藹寬泰、笑容可掬，持冠捧爵，威儀堂堂，雖也有門禁意味，而加官進祿、事業如意的期許更爲明顯。

入門禮神，勇士執戈

「門」是人們居家出入的通道，也是一應吉凶、災祥、毀譽、潔穢去來的關卡，可以說是人與社會互動第一道防線，因此，從殷、周以來，從天子到庶民，所謂的「五祀」各有不同，但「門」都位列第一。門有「門神」，首見於《禮記・大喪服記》：

君釋菜，禮門神也。

「釋菜」是指用芹、藻等水生植物祭祀，以表示對神祇尊敬、推崇的儀節，後代多用於學宮，用以禮敬至聖先師孔子。古代天子無故不入大夫之家，只有在問疾、弔喪時才能前往，而前往之際，猶須先對「門神」示敬，可見周代的門神已有相當高的威權，連天子都不能輕易冒犯。

不過，此時雖已有門神，但恐怕未必眞有實體，而只是一個概念化的神祇，實體化的門神，出現得較晚，《漢書・景十三王傳》曾記載廣川惠王劉越的宮殿大門，繪有一幅古代勇士「成慶」的畫像——「短衣、大侉、長劍」，其子劉去非常喜歡這幅雄赳赳氣昂昂的畫像，日常衣飾裝扮都刻意加以模仿。成慶可以說是中國第一個有名有姓有圖有影的「門將」，但是否具有宗教信仰的意味，則有待考究，因爲近代以來考古挖掘發現的許多帝王陵墓，如湖北隨縣的戰國時期曾侯乙墓，就有執仗神怪或衛士的

「墓門畫」，作用與秦始皇陵墓的秦俑應該相彷，而未必即是「門神」。

中國第一對門神

中國傳說中的第一對門神，在東漢王充《論衡》引述《山海經》時，已經完整出現：

山海經又曰：「滄海之中，有度朔之山，上有大桃木，其屈蟠三千里，其枝間東北曰鬼門，萬鬼所出入也。上有二神人，一曰神荼，一曰鬱壘，主閱領萬鬼。惡害之鬼，執以葦索，而以食虎。於是黃帝乃作禮，以時驅之，立大桃人，門戶畫神荼、鬱壘與虎，懸葦索以禦。」（《訂鬼篇》）

此二神「閱領萬鬼」，以葦索執「惡害之鬼」，投以飼虎，儼然就是守護居家的神祇。《山海經》大約是戰國末期成書的，以此可以認定，雖然「黃帝作禮」的說法未能證實，但至少在戰國末期，就已有了「神荼、鬱壘」的傳說，可以說是中國的第一對門神。

神荼、鬱壘的「門神」信仰，在漢代頗爲流行，應劭的《風俗通義》及蔡邕的《獨斷》，都有相關的記載，其中蔡邕的說法特別值得注意：

歲竟十二月，從百隸及童兒時儺，以索宮中，驅疫鬼也。桃弧、棘矢、土鼓，鼓且射之。以赤丸、五穀播灑之，以除疾殃。已而立桃人、葦索、儋牙虎、神荼、鬱壘以執之。

古人認爲疾病、厲氣之所以侵擾人身，是陰氣所致，歲末陰氣漸濃、陽氣沉霾，人易得疫病；而元旦之日，陽氣開始滋長，於此時灑掃庭除、驅逐邪穢，正可以預示一個好的開始，桃木有避邪作用、葦草有繁衍之意、猛虎則有守護之功，加上神荼、鬱壘守住門戶，新年的景象，也就有復始、更新的意義。這是「門神」首度與過年結合爲一。事實上，漢代的確流行神荼、鬱壘爲門神的習俗，晚近在河南密縣發現的漢代畫像磚，就刻有兩個短衣長褲的武士，相向而立，各踞一隻斑虎（儋牙虎，指虎牙外露），顯然刻畫的就是神荼、鬱壘二門神。

虎神鎮宅，金雞唱曉

漢代的門神，在神荼、鬱壘外，常搭配著虎與雞，虎神取其勇猛，應劭說「虎者陽物，百獸之長也，能執搏挫銳，食鬼魅」，在漢代的畫像石中屢屢出現。至於金雞，是因傳說中的度朔山（又稱桃都山）上，有一隻金雞，金雞先鳴，天下群雞響應，這就是「金雞一鳴天下曉」典故的由來，故在門神中也占有一席之地。曹魏以來，因爲墓葬勵行節約，神荼、鬱壘二神逐漸式微，反倒是畫雞之俗較爲流行，梁朝宗懍的《荊楚歲時記》即記載：「正月一日，貼畫雞戶上，懸葦索於其上，插桃符其旁，百鬼畏之。」衍傳不絕，至今河北武強、河南鳳翔依然多有金雞年畫。

天王藥叉，神佛相佑

六朝以來，佛教盛行，各處皆有佛教寺廟，我們從杜牧〈江南春〉詩所說的「千里鶯啼綠映紅，水村山郭酒旗風，南朝四百八十寺，多少煙雨樓臺中」，可以窺見其盛況。佛教東傳中國，以「佛、法、僧」為「三寶」，崇祀法像，除雕塑外，畫像亦甚為風行，且講經說法，每藉「變相」開悟眾生，故佛寺多有畫像，唐代的經典《根本說一切有部毗奈耶頌》就曾記載：

大門扇畫神，舒顏喜含笑，或為藥叉像，執仗為防非。畫香臺戶扇，藥叉形執花。若於僧大廚，畫神擎美食。庫門藥叉像，手執如意袋；或擎天德瓶，口喝諸珍寶。

佛教的門神為數極眾，其中韋馱（白臉、身著甲冑，持金剛杵）、伽藍（黑臉、執斧鉞）、四大天王（東方持國天王，持琵琶；南方增長天王，執寶劍；西方廣目天王，手繞一龍；北方多聞天王，右手持寶傘，左手握神鼠）及哼將（吽金剛，閉口）、哈將（阿金剛，開口）最為普遍。後來由於小說《三國演義》、《封神演義》的影響，武聖關羽玉泉山顯聖後，被視爲佛教的護法伽藍；而魔家四將（風調雨順）、哼哈二將（鄭倫、陳奇）的傳說又與佛教的四大天王、哼將哈將，渾融難辨，也在民間門神中不時出現。

落第書生，鍾馗捉鬼

由五代到宋朝，是中國年畫開始普遍成爲過年重要習俗的時期，此時出現了一位極重要的門神，那就是「戴帽衣藍衫，袒一臂，鞹雙足（足穿皮靴）」，能捉鬼刳目，擘而啖之的「鍾馗」。

「鍾馗」二字，據楊愼和顧炎武的考證，原是「終葵」的訛傳，「終葵」就是「椎」，相傳可用來驅鬼避邪（北朝人堯喧，本名終葵，字避邪），不知何時開始，轉變成爲神祇的名稱，還有一段「武舉不

捉鬼鍾馗圖

第，胸中未平，又怒鬼物擾人，擒拿擊搏，戲用餘勇」的故事。據北宋沈括《夢溪筆談》所載，唐玄宗得病一月不癒，夢爲小鬼「虛耗」所侵擾，而有一大鬼自稱「鍾馗」，爲其除妖去孽。夢醒後，召見畫師吳道子，囑其畫〈鍾馗捉鬼圖〉，所畫景象，宛然如夢中所見。相傳此圖後來輾轉落入宋神宗之手，神宗命畫工摹搨鐫刻，於除夕夜分送臣僚，以驅邪逐魔。其後市井爭相摹印，孟元老《東京夢華錄》中記：

近歲節，市井皆印賣門神、鍾馗、桃板、桃符……。除夕，教坊河南炭，醜惡魁肥，裝判官，又裝鍾馗、小妹、土地、灶神之類。

《東京夢華錄》是一部描寫北宋都城汴京社會習俗、市井風物相當詳細的典籍，由此可知於年節懸貼鍾馗畫像，已成爲當時民間普遍的風俗了。

鍾馗是中國繪畫史上非常重要的題材，自五代以來，就頗有畫作流傳，相關的傳說也很多，如鍾馗出遊、鍾馗嫁妹、鬼百戲等，也是繪畫表現的重要內容。民間門神年畫，常將鍾馗畫成濃眉環眼、滿臉絡腮鬍，一足翹起，滿面怒氣，金雞獨立式的以寶劍斜指著一隻紅色蝙蝠，這叫做「福在眼前」。通常，年畫上會有「驅邪逐魔」、「驅邪降福」、「鎮宅靈符」等字樣；有時也會有「招財進寶」、「四季平安」、「生意興隆」、「財源廣進」的吉語，顯見鍾馗除了善能降妖除鬼，佑護家居外，也能「平安生財」，為庶民百姓帶來富貴的運勢。

老龍報冤，大將守衛

明代以後，門神逐漸增多，且越來越有歷史化的趨向，喜將歷史上的名人、名將，畫為門神。其中，吳承恩的《西遊記》應是最重要的關鍵。這段故事，載於《西遊記》第九回〈袁守誠妙算無私曲，老龍王拙計犯天條〉和第十回〈二將軍宮門鎮鬼，唐太宗地府還魂〉，故事大要如下：

唐朝名相士袁天罡的叔父袁守誠，也精於卜算，指導漁夫於涇河處下網捕魚，常滿載而歸。涇河老龍聞知，欲窺究竟，遂假扮成一秀士，前往問卜。故意問他有關他職責所在的興雲布雨之事。袁守誠一一指明，老龍不信，二人打賭，若明日不如所預料，即將來拆卸他的招牌。老龍回宮後，赫然接獲天庭命令，一如袁守誠所預測。心下大驚，卻又不願賭誓輸敗，故擅自將命令更改，觸犯了天條，罪當斬死，而執行者則是唐太宗的宰相魏徵。袁守誠勸老龍尋求唐太宗的協助，太宗亦加應允。當日，唐太宗以討論國事為名義，故意絆住魏徵，又與他下棋，以紛擾其心神。午時三刻，魏徵困倦，於棋案上睡著，唐太宗不忍驚擾，卻就在這一剎那間，魏徵夢中斬了老龍，完成任務。老龍死後冤魂不散，欲找唐太宗索命，大鬧寢宮，每夜搬磚弄瓦，鬼號不休，太宗不勝其擾，身體逐漸衰弱。群臣建議，命秦瓊、尉遲恭兩名大將守護前門，防止老龍作祟。一連數日，宮宅安謐，但又不能每天都要此二將護衛，就命畫工將二將形貌繪出，張貼於宮門。此後，宮掖平安，正是：「千年稱户尉，萬古作門神」。

秦瓊、尉遲恭是唐代名將，戰功彪炳，民間有很多相關的傳說故事，在畫像中，二人皆戎裝打扮，一身甲胄，背插旌旗，威猛武勇。秦瓊白面長髯，手持銅鐧（他拿手的絕藝是「殺手鐧」），尉遲恭是胡人（有時題名叫胡敬德），故面黑，手執鋼鞭。由於《西遊記》的影響，秦、胡二將也成爲至今民間最受歡迎的門神。

名臣名將，功成業就

由於歷史人物開始在門神中占有一席之地，明清以來的門神，就逐漸增多，幾乎只要是具有護衛、庇佑作用的歷史人物，都可能成爲門神，其中「武門神」最多，舉凡功業彪炳的歷史名將，都可入列，如長坂坡七進七出救阿斗的趙子龍、定軍山立功的黃忠、七子八婿的郭子儀、精忠報國的岳飛、反清復明的鄭成功，甚至梁山泊裡的英雄好漢，都赫然在列。女將門神，也偶爾可以見到，但多半是小說中的人物，其中最有名的是大破天門陣的穆桂英。

《西遊記》除了記載秦、胡作門神的故事外，還寫到了魏徵青巾抹額、錦袍玉帶、手持寶劍護守後門的事蹟，開啓了後代「文門神」的先河，其後梁灝（宋朝八十二歲的老狀元）、房玄齡等名臣陸續加入，清一色是文官裝扮，頭戴官紗、身著朝服，手持玉笏、如意、冠冕、爵觴，象徵著位高權重，預卜著加官進爵、事事如意的的一年。

娃娃門童，富貴延宗

過年，是中國兒童最喜歡的節慶，穿新衣、戴新帽、領紅包、放鞭炮，鑼鼓聲敲，處處熱熱鬧鬧，未來新的一年，也將由這一天開始，福臨泰到。在中國人的觀念中，子嗣的延續、繁衍、昌盛，是宗族最重要的大事。因此，在過年時，藉天眞無邪的娃娃，寄託子孫繁昌、富貴有餘的期望，就產生了另一種形式的「門童畫」。

門童不是神祇，多半張貼在居家內室的門口，大約從宋代以來就開始流行，天津楊柳青、四川綿竹二地最爲風行。門童畫所繪的娃娃，或單或雙或群嬉，或男或女，一個個相貌清秀，唇紅齒白，而肥肥胖胖，婉孌可愛，令人一見即喜即樂。他們通常手中捧持蓮花、牡丹、鯉魚、西瓜、如意等吉祥物，有時有蝴蝶、蝙蝠、瓜苗爲襯，象徵「年年有餘」、「連年有餘」、「富貴有餘」、「多子多孫」、「瓜瓞綿綿」之意，表現出中國人最世俗，但卻又最眞切、最平凡的新年想望。

02　中國類

中國人的「戒賭」哲學

二十多年前，臺灣股市狂飆、樂迷發燒，舉國上下瀰漫著一片投機風氣時，外國媒體很諷刺地以REPUBLIC OF CASINO形容我們，這充滿揶揄、鄙視的口吻，頗令一些衛道人士激起國格危機的意識。近些年來，由於目睹澳門博奕事業所帶來的觀光榮景，無論越南、新加坡、馬來西亞、日本等國，都繼起而仿效，企圖藉博奕賺取大把大把的觀光財。臺灣自然也不能落人之後，澎湖、金門、馬祖，都不甘人後的有人鼓吹設置博奕特區，還前仆後繼的舉辦了幾次公民投票，其中澎湖、金門，都以相當懸殊的比數，反對興建，唯獨馬祖是通過了，但時機已晚，且預設的客源大陸人士，遭到對岸政府的強力禁制，至今猶未見有何動作。西元二〇一八年，高雄選戰白熱化，韓國瑜一度提出的「賭場說」，也變成選戰的熱門話題，儘管藍綠混戰，各有所執，但反對在臺灣設置賭場的民意趨勢，卻顯然是牢不可破的。

其實，無論衛道人士以何種理由作爲禁賭的依據，都無法否認中國人就是「好賭成性」的，法禁再嚴，道德譴責再厲，好賭之客，還是甘冒大不韙去「孤注一擲」。君不見，無論何處的賭場，最闊綽、最豪邁，也最沉迷於此道的，皆非華人莫屬嗎？五十年前，日本影星小林旭主演的賭片、三十年前王冠雄主演的《賭王鬥千王》、西元一九八九年周潤發主演的《賭神》，都曾在港臺地區大賣其座，原因何在，不難看出。

中國自古以來，就不知流傳下來多少五花八門、眩人眼目的各色「賭術」，從春秋時的六博、漢代的樗蒱伊始，雙陸、打馬、鬥葉、馬弔、骰子、攤錢、彩選格，直到發展成麻將「國粹」，再吸收西方紙牌菁華而有三公、梭哈、羅宋，繼武前脩之外，發揚光大處更所在可見，去過拉斯維加斯賭城的人可能會知道，小巫一個的CASINO，又如何能夠與此琳琅滿目的大巫相提並論？此所以澳門賭場能在極短時間內躍居世界賭場之冠的內在原因。但中國人形式主義之發達，可說是舉世罕見的，分明滿街塡巷的林立著誘引人奮力一博的錢坑，股市、匯市、期貨市場，不必說是二十年前櫛比鱗次的柏青哥、電動玩具店了，就是目今流行的娃娃機臺，不也是充滿著「奮力一博」的刺激，才會如此風行嗎？但卻沒有人肯承認這是因緣於特殊民族性的心理需求，不願尋求一個適當的紓解管道，而偏偏欲以掩耳盜鈴的方式，以一紙禁令、滿口婆心，甚或訴諸謾罵，加以消弭、掩飾，似乎認爲只要否定賭博的合理性，就可以弊絕風清，建立起道德形象了。此不但於今爲烈，事實上，自古以來莫不如此。

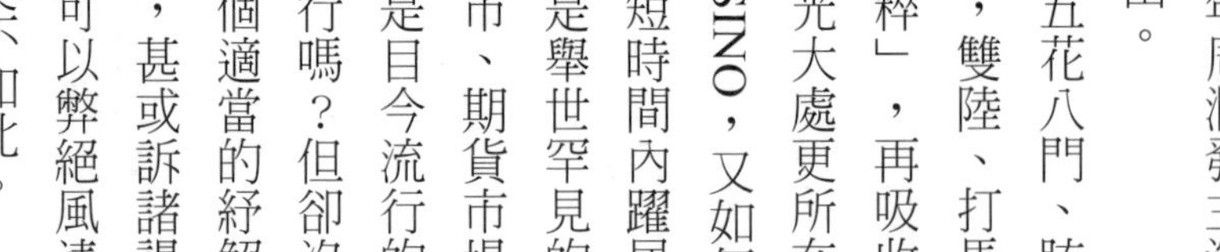

古代鬥雞圖

儘管中國賭術極其發達，但絕對是禁賭的民族，翻開各朝各代律令、詔書，賭博大抵都是一項罪名，從《管子》「禁博塞」之政開始，歷代各有不同的刑罰，漢代髡為城旦、晉代鞭扑、金代杖刑、元代流放，宋代甚至「斬無赦」，罪責不可謂不重；而從賭具、賭場到賭徒，無一不具罰則，禁止範圍也不可謂不廣；同時，歷代也不乏耿耿心憂的衛道之士，聲嘶力竭以呼，強調賭博之惡，用心更不可謂不良苦了。但是就在罪罰逐日加重、禁條日漸繁多、呼籲日見激切的情況下，各式各樣的賭術，以及教導人如何賭博的書籍，卻仍然尋得了豐沃的土壤，得以萌櫱滋生，而且從來未曾消失過，一方面，這應可證實中國人賭性之堅強，但另一方面，是否也說明了這種禁絕的方式，是大有可議的？

厭惡賭博，視賭博為一種罪惡的人，幾乎都有一套言之成理的戒賭理論，但是他們卻共同遭遇到一個在勸人棄絕賭博之先，需自行加以解決的難題。這些婆心殷殷的道學中人，大抵都是儒家的信徒，而難題正出於他們的祖師爺孔夫子，孔子似乎不認為賭博是什麼了不起的大事，曾稱「不有博奕者乎？為之猶賢乎已」，將博奕與「飽食終日，無所用心」作了優劣的判別與取舍。

面對這句祖師寶訓，予以肯定，斷然是有違初衷的，但又委實難以逕行駁斥，只得依違其間，作各種自圓其說的解釋。有說孔子此語只是「甚言無所用心之不可爾」，並非教人博奕的，這點極易明白，孔子絕無鼓勵門人賭博之意，只是，既然稱博奕猶可曰「賢」，可知也非一味反對，這就為賭博留下了相當大的迴旋餘地，足可令好賭之徒振振其辭了。釜底抽薪之計，則在將博奕之博解釋成動詞，博奕指「下圍棋」，自與賭博有甚大的區別，而且可以和聖門禮、樂、射、御、書、數等六藝的「數」（計其步數）結合，冠冕既在，又十分堂皇。總之，他們有一個共識，那就是絕不能承認孔子贊同賭博。漢代揚雄以繼承孔子自居，在模仿《論語》而作的《法言》一書中，就作了翻案：

或問：「侍君子以博乎？」曰：「侍坐則聽言，有酒則觀禮，焉事博乎？」

事君子者不以博，當然君子就更不賭博了。《孔子家語》的作者承此意而發揮：

哀公問於孔子曰：「吾聞君子不博，有之乎？」孔子曰：「有之。」公曰：「何為？」對曰：「為其二乘。」公曰：「有二乘則何為不博？」子曰：「為其兼行惡道也。」

換句話說，孔子非但認為君子不可賭博，更視賭博為一種罪惡（兼行惡道），這是「儒者以為害義，故不博也」的理論基礎。此一惡，嚴重的可以滅國亡宗，輕微的也足以破財傷身。有人說漢代七國之亂，是因吳王劉濞之子因「博戲」與太子起衝突，慘遭打死而引起的，可見賭博之可怕。明末的顧炎武是對賭博痛心疾首的儒者，在《日知錄》中，就舉了唐代楊國忠因「善樗蒱」進用，為國家之妖孽，導致「安史之亂」、遼穆宗與群臣玩「葉格戲」，為不祥之物，終為小哥等篡弒兩個例子；清代的蒲松齡也強調「天下之傾家者，莫速於博；天下之敗德者，亦莫甚於博」，「敗德喪行，傾產亡身，孰非博之一途致之哉！」大抵這就是戒賭論者的基本理論。

以此理論爲基礎，加以渲染發揮的憂時衛道者甚多，就連一些通俗小說的作者，也都或正或反，或明言或暗示的指陳出來，如《醒世恆言》的〈一文錢小戲造奇冤〉，就描寫了一段因小孩子「攤錢爲戲」，輸了一文錢，在氣憤之下，事件越演越烈，居然引發十三條人命的悲慘故事；《無聲戲》的〈鬼輸錢活人還賭債〉，則敘述一個以開賭場局詐人爲業的賭徒，如何受到鬼魅捉弄，終致破產亡身的淒涼下場。作者的用意極其明顯，就是要強調賭博的禍害，所謂「輸家既入迷魂陣，贏處還吞釣命鉤」，無論賭輸賭贏，一沾上賭字，就不會有好的下場。大體上，此一理論的開展模式，必強調賭博與盜賊、騙子、淫色、讐殺的惡性循環：凡賭必詐，既詐則必以女色誘之，則必輸，輸則破財，財盡則起盜心，盜不成則殺人越貨，無所不爲矣！從推論的過程上說，倒也不能說不是言之成理的。清初的尤侗，有一篇別開生面的〈戒賭文〉，足可提供我們一個典型的範例。

這篇〈戒賭文〉，開宗明義就表明「天下之惡，莫過於賭」，賭博無論輸贏，首先就犯了「三費」之弊，一是卜晝卜夜，諸事皆罷，「是曰費時，寸陰難借」；二是機詐潛伏，精神恍惚，「是曰費心，終必病狂」；三是千貫萬貫，不吝不倦，「是曰費財，窮困立見」。

接著，文中繼續摹寫上起公卿大夫，下迄市人奴僕等各色人物，在此「三費」下的諸般醜態，宣稱「賭雖百族，惡實一類，天理已絕，人事復滅」，這是全文對賭博之惡的道德判斷，茲引如下：

蓋以大滅小者不仁，以私害公者不義，式號式呼者無禮，佹得佹失者非智。分無貴賤，四座定位，上攀縉紳，下接皁隸。齒無尊卑，一家弗忌，父子摩肩，弟兄殄臂。閑無內外，男女雜次，繡閣拋妻，青樓挾妓。交無親疏，唯利是視，陌路綢繆，故人睚眥。四端喪矣，五倫亡矣，身家蕩矣，子孫殃矣！

「不仁」、「不義」、「無禮」、「非智」、「無尊卑」、「無內外」、「無親疏」、「四端喪」、「五倫亡」、「身家蕩」、「子孫殃」，放眼世界，還有比這更嚴厲的指控嗎？這猶嫌不足，更以「賭必近盜」、「賭必誨淫」、「賭必釁殺」，盛言其後遺症，總之，意在勸人「戒之戒之，凡戲無益」。

最後，針對開設賭場抽頭局騙的貪夫，及惟耽賭癖，死且不辭的賭棍，主張嚴刑峻罰，以爲「聖王在上，豈容妖氛」？必也「誅不待教，有犯必黥，火其圖譜，殛此頑民」，才合乎聖人設教臨民之意。當然，尤侗對他的主張是相當具有自信心的，故結語也自信滿滿的道：「人心禽獸，何去何從，借曰未知，請視斯文！」

尤侗生當明末清初，據顧炎武所說，明代自萬曆末年以後，好賭之徒漸多，至天啓中，開始流行馬弔，到崇禎以下，則「今之朝士，若江南、山東，幾於無人不爲此」，甚至「今之進士，有以不工賭博爲恥者矣」，風氣可謂極其惡劣，尤侗目睹此江河日下的習氣，有感而發此激切之言，是可以理解的，同時，據他所剖陳的弊病而言，的確也是矢矢中的，有根有據，可謂是一篇兼具苦口婆心與重典禁絕用意的優秀「戒賭文」。

只是，重典禁絕的辦法，歷代早已實施，從未眞正弊絕風清過；而滿口婆心的道理，雖是剖析細微，難道好賭之徒自己不明白嗎？世上不喜賭博的正人君子，未必會因明白賭博無「惡」後就開始賭博，而嗜賭如命者，誠如尤侗所說的「父師呵斥，妻孥涕洟，勇足拒諫，巧能飾非，貧而無怨，死且不辭」，更未必會因知道賭博之「惡」後，棄絕賭博。斬斷十指，剁去一手，信誓旦旦戒賭的人，總算是對賭博之惡大澈大悟了罷？但還是逢賭就賭，賭了就悔，悔了又賭，其原因絕不在明白道理是非與否，而是天性與後天環境使然。天性聞賭情喜，觀博躍心的人，以中國人來說，應不在少數，而生活環境中，卻又觸目皆是禁絕不了的賭局，試問：中國歷來相傳的這套禁賭邏輯，如何可能生效？

事實上，賭博是否足以構成道德上的惡，還有相當大的爭議性，因此，基於賭博之惡而推衍出來的禁賭說，能否站得穩立場，自然也是有待商榷的。不過，以賭博的目的來說，恐怕再善於巧辯的人也無法說是純粹基於游戲，而不是有一股強烈的贏取錢財欲望的。在這種情形下，要如何各顯本事，於金錢角逐場上競爭，首要的關鍵就是公平。賭博之惡，其實源於它的隱晦性，既隱晦則無任何公平性可言，各種層出不窮的千術、詐術，乃至於見不得光的種種色情、賄賂、包庇、勾結行爲，遂得以滋生，反而才是社會上眞正的亂源。中國人禁賭禁了幾千年，似乎從未收到過成效，何不索性將賭博公開化，施予嚴格的管理，以光明正大的方式，承認賭博爲無可避免的惡（非關道德的），而致力於轉惡爲善，以可以預期的龐大稅收，揖注於各種社會投資及公益事業呢？假如有朝一日，中國人的賭博邏輯有望改變，也許當局可以致力的，就是維持賭博的公平性了。

有人將人生比喻成一場賭局，賭機運、賭事業、賭愛情，總之，盡力以博，至死方休，盼望自己是個贏家，這話說得很有道理。只是，賭博場中，雖然也是人人盼望能成贏家，卻與人生大異其趣。人不可能逃離人生，這場賭非賭不可，縱使將畢生所有作孤注一擲，輸贏也未可逆料；但賭博場中，要作贏家卻是相對容易的，《東坡志林》中曾記載一個故事，欲在賭場中只贏不輸的人，大可參考：

紹聖中，都下有道人坐相國寺，賣諸奇方，緘題其一曰「賭錢不輸方」。少年有博者以千金得之，歸發視之，曰：「但止乞頭。」道人亦鬻術矣，戲語得千金，然亦未嘗欺少年也。

「乞頭」，指的是做莊家，設場開賭，取十分之一爲「頭錢」（抽頭），在衆人博戰得昏天黑地、你死我活時，莊家好整以暇、坐收漁利，當然穩贏不輸。但問題則在於：每個人都當莊家，那誰來當賭客呢？事實上，當莊家也不如想像中容易，恐怕也只是虛晃一語而已。不過，擴充「乞頭」之意，十中取一，萬一眞的賭性勃發，還是得理性地量力而爲，有十分錢財，僅能以一分爲博資，其餘九分萬不可動用，如此，既可有賭趣，又不至於傷財，正是「小輸爲贏」之意。儘管如此，俗話說「十賭九輸」——唯一可能贏的機會，就是「不賭」！

謹以此故事呈給一些好賭之徒。

中國第一個幫派

在現代的武俠小說中，經常出現各種幫派。大抵上，「白道」的幫派皆以派爲名，如少林、武當等所謂的「名門正派」，其領袖通常稱爲掌門人；而以幫爲名的，除了丐幫之外，大部分屬於「黑道」，其首領則稱幫主。黑白之分，除了具有很明顯的正義與邪惡的區別外，也表明了公開與秘密的差別，似乎門派中人，即可大開山門招攬徒衆，而幫會則僅能私底下吸收黨徒。

其實假如我們仔細分析的話，無論是黑道還是白道，都很明顯地是「以武犯禁」，企圖以私法取代正規的法律，這種行爲，即使在現代也是不容於社會的，何況是古代君主專制的政體？因此，幫派在政府的眼中，永遠都是「黑」的，至少隨時可能被抹黑。相傳清朝雍正皇帝火燒少林寺，禁絕了這個最負盛名的門派，雖然可能是基於少林弟子投身於反清復明行列的因素，但是爲了維繫法律的尊嚴，任何政體都絕不可能容許一個人數衆多，而又具有暴力破壞傾向的團體存在，卻也是個事實。因此，幫派其實就是一種見不得光的秘密社會，也就是一般所說的「黑社會」。

黑社會的起源爲何？如今已很難確考，至於黑社會的龍頭大哥，就更不易察知了。漢朝的朱家、郭解，頗有「仁義大哥」的味道，據《史記》所說，他們雖然「行不軌於仁義」，但是「言必信，行必果，已諾必誠」，肯急人之難，門下賓客又多，倒有幾分幫主風範。可惜的是，司馬遷似乎未曾提及朱、郭二人，是否將門客組織成幫派；東漢時洛陽有一個叫作「會任之家」的組織，據王符的《潛夫論》所載，他們是一群收人錢財、替人消災的「職業殺手」組成的，可以說是道道地地的幫派了，可惜爲首之人，載籍也語焉未詳。朱家、郭解與會任之家，大抵是刺客、游俠一流的人物，從這方面考察中國第一個幫派或幫主是誰，原是雖不中亦不遠矣的，因爲他們的行事作風，以及一身好本領，的確與幫派中人神似。可是，如果從刺客、游俠中再追溯淵源，我們將赫然發現，原來他們還有一個老祖宗——這就是中國第一個幫派與幫主：墨家和墨翟。

墨翟是人所共知的先秦哲學家，以「兼愛、非攻」的理念，奔走天下；墨家則是由墨翟開山的，韓非子說它是「顯學」之一，班固則將它置於「九流」的第二家。在孟子的時代，墨家的勢力臻於鼎盛，「天下不歸楊則歸墨」，但秦漢以後，便逐漸削弱，寖至於消聲匿跡了。墨家之何以興何以衰，自然與其學說有密切的關係。據墨子的學說看來，他倡言兼愛、非攻、節用、節葬，在春秋戰國這麼個戰亂頻仍、經濟凋敝的時代，是相當吸引人的一種理論，故此能夠風行一時，成爲顯學，連孟子都緊張兮兮的，欲闢之而後快了。但是墨子「以自苦爲極」，屏斥一切聲華，又未免矯枉過正，違反了人性，正所謂「墨子雖能獨任，奈天下何」，墨子死後，墨家析爲三派，也伏下了衰亡的根苗。

不過，墨家的組織方式也是一個關鍵，因為基本上墨家就是一種幫派類型的組織。幫派的組成，大抵需有領袖及徒眾，同時亦必定有規章和宗旨，劃清派中成員的權利與義務，而且為了維護本身組織的安全與貫徹宗旨，基本武力的設置也是必要的。據載籍所見，墨家擁有相當龐大的成員，這是它成為顯學的原因，也是招致嫉害的緣由。其領袖稱為「鉅子」，墨翟是首任鉅子，以幫派術語來說，就是創派的第一任幫主。墨子大約卒於周安王二十四年（西元前三七八年），在生前即將此位傳給楚國的孟勝，孟勝在吳起之難（西元前三八一年）受連累，臨死前派人將鉅子屬於宋國的田襄子。這是墨家前三任幫主，此後，秦惠文王（西元前三三七～三三一年）時，腹䵍為鉅子，則是載籍所知的末代幫主了。

鉅子的產生，是由現任鉅子擇賢而交付此職，非但與墨家「尚賢」主張吻合，與後世幫主的繼承方式也甚神似。鉅子的權力很大，除了可以自由選擇繼承人外，尚可以命令派中徒眾，非但徒眾如有違背命令或逆反規章之事，鉅子可以生殺予奪，即使所行合義，也需以鉅子命令為優先考慮。例如孟勝之死，被派往傳授鉅子於田襄子的二位門人，不聽田襄子命令，回楚國殉死，就被認為對墨家不忠，這與後世幫會的型態也是極相近的。鉅子對徒眾的義務，就是負責為他們找工作，凡是來入門者，藝成之後，皆會被安排至各國任職，這是徒眾的權利，如果未有安排，是允許對鉅子提出抗議的。而徒眾出師之後，則需定期向組織獻納財物，協助組織的發展，這又與後世幫會類似。這是墨家在組織和規章上，可說是幫會鼻祖的神似處。

《墨子》一書，是墨家立派的哲學，也是其宗旨所在。從「明鬼」上看來，墨家頗有宗教組織的意味，可能也是一種「神道設教」，凡是所行非義者（指不符合墨家宗旨），如不能「兼相愛，交相利」、進行「交相攻戰」（非攻）、浪費奢靡（節用、節葬）、不「尚賢舉能」（尚賢）、不「尚同」於「天志」（尚同、天志）等，墨家皆強調鬼神將會在冥冥之中，施予嚴厲的懲罰，反之，則給予福佑。換句話說，墨家爲了貫徹宗旨，故標舉賞善罰惡的鬼神之存在，作爲人世的監督，這倒也與後世白蓮教等宗教性幫會用意相當。不同之處在於，墨家顯然是「泛神論者」，故而沒有供奉獨特的神祇。不過，這點差別可能是歷史因素造成的，畢竟，在墨家成爲顯學之時，中國尚不可能出現「一神論」。因此，就本質上說，墨家應屬於「前宗教」的幫會。

值得重視的是，墨家擁有一股相當龐大的軍事力量，這是墨家勢力興盛的一大原因，同時也是造成墨學式微的關鍵。墨家徒衆投入墨門，除了學習墨學外，個人技藝與軍事知識的鍛鍊、培養，也是極其重要的。墨子爲了兼愛、非攻理想的完成，有意將墨家定位在「國際警察」的角色上，非但自己可以「行十日夜」，走得足腫趾裂，奔波於交戰國之間，執行和平使者的任務，門弟子也肯爲此抛頭灑血，無怨無悔地從事扶弱濟危的工作。墨子雖強調攻戰是「不義」的，但爲了消彌戰爭，也肯定「義戰」的必要，而強大的軍事武力，則是義戰的後盾。故此，在《墨子》一書中，從〈備城門〉以下的十幾篇，全都屬於兵家之學，門弟子之精通此學，是可以想見的。這分力量，在墨子阻止公輸般以雲梯「助楚攻宋」一役，發揮了無比的功能。除了墨子嫻熟軍事，使公輸般屢攻屢敗，不得不俯首認輸外，墨子所謂「臣之弟子禽滑釐等三百人，已持臣守圉之器在宋城上，而待楚寇矣」的威脅，恐怕才是此次「不戰而屈人之兵」的最大本錢！

一個武力強大的團體，如果未能與政治合流，而別成一股「治外法權」的話，顯然是會招忌的。尤其在戰國以來，中國法家學說大盛，強調軍事武力必須納入國家統制之中，像墨家這種組織，當然會被目為眼中之釘，欲除之而後快了。如集法家大成的韓非子就宣稱墨家之「俠以武犯禁」，是國家的「五蠹」之一，所謂的明主，一定要將此勢力斬除盡淨，國家才能富強。自此以後，墨家頗不容於世，便逐漸消聲匿跡了。

假如說，在先秦百家爭鳴的時代，墨家之可以公然招攬徒衆、宣傳主張，是屬於可見天日的「白道」的話，那麼，自中央集權的君主專制政體形成之後，墨者之流為刺客、游俠之屬，顯然就成了「黑道」。在冷酷而現實的政治環境中，幫派的際遇，恐怕沒有武俠小說所想像的單純，還有所謂的黑白之分。作為中國第一個幫派的墨家，無疑是中國幫派發展史上的一個縮影。

中國古代的飛行夢想

飛出這圈子，飛出這圈子！

到雲端裡去，到雲端裡去！（徐志摩〈想飛〉）

想飛，大概是人類最偉大的夢想了。當人類看見鳥兒能自由自在，超脫時間與空間的限制，憑藉一對輕盈而有力的翅膀，遨遊於青天白日之下，反觀自己，一輩子只能根深柢固地與土壤結成不解之緣的時候，想必一定充滿了艷羨憧憬之情罷？的確，那種「超脫一切，籠蓋一切，掃盪一切，吞吐一切」的飄然輕舉，身受種種塵網拘限的人，有誰不是夢寐思之的？

於是，結合了人類靈長的智慧，許多匪夷所思、鍥而不捨的努力，便在世界飛行史上，逐步寫下了一道一道的里程碑。從人工翅膀、腳踏起動器、螺旋槳，到今日的噴氣引擎、火箭，甚至太空梭，人類自古而有的夢想，於今雖未必眞的實現，但是也不再是什麼難事了。有朝一日，個人擁有隨身攜帶、輕便靈巧的飛行器，以現今科學發展的速度而言，應該是爲期不遠的。

衆所周知，飛機是西元一九〇三年，英國的萊特兄弟首先試驗成功的，在飛行史上，貢獻自是無人能出其右；而傳說中，希臘神話中的狄達拉斯、依卡拉斯父子，則作了歷史上的第一次飛行試驗，後者並因試驗失敗，而成爲飛行英雄。凡是有關飛行的傳說，大抵上都與西方世界緊密聯繫在一起，好像東方世界，尤其是中國，竟成了飛行的絕緣體，從未沾染上絲毫關係。誠然，中國人是務實的民族，自文明伊始以來，與惡劣的環境搏鬥求生，是艱苦而繁忙的，因此不尙夢想，缺乏創造力；但是，事實果眞如此嗎？難道中國人連這種基本的夢想能力都付之闕如，也未曾在飛行上作過種種具有意義的嘗試？答案當然是否定的。中國人心中的飛行憧憬，以及相應的智慧創造，絕對不會輸給西方人；中國雖然沒有成功地發明飛機，卻在精神層次上說明了個人「想飛」的可能。

當然，我們不必和一些清末的頑固守舊分子一樣，以「中國自古有之」作藉口，勉強抬高自己的身價；更不致穿鑿附會，愚昧到將《易經》中的「飛龍在天」、「潛龍勿用」，當作中國早在西周初期就已發明了飛機、潛水艇的證據。只是想藉此說明：中國人的智慧發展，是別有天地的。

首先，中國人有沒有製造過飛行器？

這個問題並不容易回答，不過，可以肯定的是，即使中國人沒有想到過利用機械原理，刻意製造可以載人翶翔於青天的器物，但是類似的發明是絕對有的。早在春秋、戰國之際，墨子以其精湛的科學技藝，就曾發明了一種「木鳶」，據記載，這個木製的「風箏」，可以在天上「飛三日不下」。顯然地，僅僅憑藉風力，是不可能使木鳶在天上持續飛行三日之久的，我們可以想見其中必然有若干的特殊裝置，而這裝置亦必然結合了飛行原理。墨子是重視實用的哲學家，過分強調眼前可見的實用價值，往往使墨子的視域狹隘起來，諸如音樂、藝術方面，都在「無用」的論斷下，遭到排斥的命運。「木鳶」的際遇，正是如此，墨子最後也「因其無用而棄之」，徒然使後人慨然興歎。這是中國第一個「飛行器」的記載。

秦漢以來，儒學得勢，孔子視百工技藝爲「小道」的觀念，更限制了飛行創作的進一步發展。不過，魏、晉之際，還是有人作了一些研究，曾經發明了一種螺旋槳式的飛行器，叫作「飛車」（《抱朴子》）。其法是以質地堅而輕的棗心木作「車」體，「以牛革結環劍以引其機」（即以牛皮繩纏繞數柄長劍，利用牛皮的韌性，帶動劍體旋轉），作爲發動機。構造雖然簡單，但效果相當大，可以飛上四十里之高。這是直昇機的前身了。值得注意的是，「飛車」的製作，不僅考慮到車體輕堅和大氣壓力的的問題，完全符合現代飛機原理；而且，這次的發明，純粹是在爲了達成人類飄然輕舉的夢想而創造出來的。在儒學龐大的勢力籠罩下，這發明是得之不易的，其所以能掙開拘限、脫穎而出，實際與當時流行甚廣的「神仙道教」有關，而這種神仙觀念，無疑可以代表中國人的飛行夢想。

神仙觀念是中國人企圖超離時空限制，所發展出來的一種特殊思想。求得長生久視（即不死），固然是神仙觀念的主要內容，但是，形軀的不死雖然可以突破時間的障礙，卻依然無法超越空間的約限，因此，神仙觀念必然伴隨著對此一問題的解決。是故我們所知道的神仙，除了不死之外，能自由自在地悠遊於天地之間，也是一大特徵。從莊子開始，類似「乘雲氣、駕飛龍」的飛行夢想，就已深入於許多道教或道家之徒的心中了。然而，乘雲駕龍畢竟是求之難得的，除此之外，人類是否可以憑藉其他方式達成這個夢想？就在這種疑惑中，魏、晉以來的道教徒，無不耗盡心血，投注心力於「飛行器」的研究。上述的螺旋槳飛行器就是在這種情況下發明的。

兩晉最富盛名的神仙道教大師葛洪，在他的《抱朴子內篇》中，就提到「乘蹻」這種「可以周流天下，不拘山河」的境界。「乘蹻」代表了中國人企圖突破空間障礙的奮鬥與努力，雖然葛洪所提到的龍蹻、虎蹻、鹿盧（即轆轤）蹻三種飛行方法，於今視之，未免過於荒誕，因爲這完全是道教「服符精思」的那一套，認爲憑藉符籙的咒力，以及人類的精神作用，「晝夜十二時思之，則可以一日一夕行萬二千里」，忽略了人類體型的限制；不過，就在這種近乎荒謬的夢想中，許多科學上的發明就無意中創造完成，似乎也不見得就是毫無意義的。以「飛車」而言，豈不正是如此？

葛洪的「飛車」，決非一般荒唐的謬思可比，西元一九八四年，大陸學者王振鐸依照葛洪的說法繪出復原圖，並實際製造，證實了「飛車」的優越性能，可以飛至故宮午門一般的高度。也許這距四十里的高度尚有一段距離，不過，卻說明了飛行的可能性，西方萊特兄弟的飛機，剛開始時不也是半途中栽了個大跟斗？可惜的是，「飛車」的製作，尤其是它的構想，隨著道教神仙之說的虛妄，也被視爲無稽之談，面對這僅如曇花一現的科學發明，委實不能不令人憮然。

當然，類似的努力也絕對未曾停止過，自道教的丹爐鼎鑊中胎孕出火葯之後，聰明的中國人不會不注意到去利用火藥的強勁爆發力量，以完成飛行的夙願。宋朝時，一位姓萬的工藝家，就「異想天開」地將許多炮仗綁在身上，利用火箭的原理，完成了一次「想飛」的壯舉。結局當然是非常悲壯的，想來這是中國有史以來迸放得最爲璀璨的一次煙花，火星四迸，光艷奪目，直教旁觀者屏氣凝息、目瞪口呆；但是最美麗，而且動人心魄的，還是萬氏那不朽的精神與靈魂——因爲，他終於將中國人「想飛」的夢想，在萬里無垠的夜空中實現，劃破了世界飛行史上中國人的漫漫長夜！

中國的愛神

提起愛神，大概沒有人不會想起那個手持小弓箭、背上生雙翼，既調皮搗蛋，又教人愛恨交加的小精靈——丘比特的了。這並不足爲奇，在數十年的歐風美雨侵襲下，連天空都變得那麼「希臘」，食息在這片星空下的子民，自然不免饒有幾分希、羅風味；何況，中國人向來含蓄慣了，講究的是涓涓如水的古典之愛，除了少數幾個豪放的時代，敢於大膽表白心中熾熱的情感，寫下「感郎不羞郎，回身就郎抱」之類的詩篇之外，大抵都是隱約婉轉，不是「兩情若是久長時，又豈在朝朝暮暮」，強調眞情的永恆性；就是一味在時過境遷之後，再來「此情可待成追憶，只是當時已惘然」一番；就連眞正兩情相悅，愛情的魔力還是不敵禮教的約限，只得淒淒楚楚，低嘆「還君明珠雙淚垂，恨不相逢未嫁時」。如此之情，如此之愛，雖然纏綿悱惻，儘夠人細細長長地品味了，無如卻缺少一股火辣、一種強烈、一團濃得化不開的激情，在現代快速、緊張的生活節奏中，是比較不易與心靈嵌合的。相形之下，希、羅神話中濃烈熱辣、旖旎多姿的瑰奇愛戀，就浪漫得多，教願意死生相許的有情人，平添了如許的痴狂。

因此，西方以二月十四日爲情人節，中國人也不得不乞靈於此，來個「西體中用」，甚少有人能夠眞正體會到七夕時的牛郎、織女，「金風玉露一相逢，便勝卻人間無數」的喜悅。現代男女大概沒有閒情逸致去「臥看牽牛織女星」了，在雷射聲光中，滾石樂音裡，自然就可以心靈流蕩、迸發熱情，那裡還需要含情默默，在闌珊的燈火中，去「衆裡尋他千百度」呢？當然這也沒有什麼不好，時代不同，自有不同的表達愛情方式，而這個時代，在目迷五色的聲光中雷拍電合，似乎是比較容易令人陷於激情，而缺少一種理智的反思的，或許，這正和希臘神話將丘比特定位成「蒙眼者」的精義相吻合罷！古人稱許柔情似水，今人強調熱情如火，此所以中國的愛神從未被人提及之故吧？牛郎、織女的睽隔天漢，只讓人惋惜；孟姜女的痛哭長城，又令人覺得悲慘；歷史上的明皇、貴妃，傳說中的山伯、英台，畢竟又含有太多的禮教色彩——事實上，中國自古以來，雖不乏感人肺腑的愛情傳說，卻沒有一個人能成爲愛情的尊神。究竟中國有沒有愛神？恐怕有「考據癖」的胡適之再生，也很難說個究竟了。

希、羅風情中的愛情是浪漫而熱烈的，強調的是戀愛過程中光與熱，情愛流轉，變化不居，並不影響愛情的偉大；中國式的愛情，則似乎比較著重男女之間對愛情的執著、堅貞，以及完滿的結局。因此，中國的愛神，通常必須肩負起媒介、監督與保障三重責任，比起丘比特的任性胡鬧，亂射其箭，就顯得更是任重道遠了。

在古典小說中，我們經常可以看到如下的情景：一個深閨少女，在月光下的後花園，燃起幾杜馨香，虔誠祝禱，希望能尋得一個白馬王子式的有情郎，或是能與有情郎共諧鴛盟。通常，她祝禱的對象，不外牛郎織女與月下老人，這正是中國自古相傳，最富盛名的二尊愛神。

牛郎織女之所以會成爲少女心目中的愛神，當然並非因爲她們會傻到願意自己的遭遇與牛郎織女相同，既需受到外在力量的嚴厲監管，又只能一年一度地見面，愛得如此淒淒苦苦、悲悲切切的。而是因爲他們那一段堅貞而永恆的愛情，激起了少女的共鳴，對美滿的愛情滋生了許多浪漫的憧憬。牛女雙星的傳說，早在《詩經》的時代就已經流傳開來了；東漢以後，大體的情節也穩定下來，與現今人們耳熟能詳的故事差不多；在唐代，則與民俗中的「乞巧節」繫聯爲一。因此，也有人將農曆的七月七日（七夕），相傳是牛郎織女會面的日子，當作中國的「情人節」，以與西式情人節分庭抗禮。目前，在北投有一座織女廟，內中除了供奉牛女雙星之外，尙有象徵自由戀愛的司馬相如與卓文君塑像，痴男怨女，少不了來向他們膜拜祈祝一番。有趣的是，這座「情人廟」保障的意義，似乎比不上監督的功能，除了廟聯寫道「眞情無人見，假情天自知」而外，廟內一塊雞心石上更刻著：

情人雙雙到廟來，不求兒女不求財；
神前跪下起過誓，誰先變心誰先埋！

所謂「舉頭三尺有神明」，神威赫赫，誰敢變心？中國人對愛情，講究的就是這一分不變的堅貞，此所以許多小說中的負心漢，如王魁、李甲、陳士美等人，會遭到千古唾罵的原因罷！只是，對愛神而言，這工作未免太繁難了。牛女雙星在夜間方能見到，由此聯想，當然很容易與象徵團圓的月光繫合；這分工作，倒不妨分派給它。於是，又有關於月光菩薩的傳說出現。

在元代著名戲曲家關漢卿的〈閨怨佳人拜月亭〉中，王瑞蘭於月中祈禱，冀能與夫婿蔣世隆重逢；王實甫的〈西廂記〉中，崔鶯鶯對月而拜，將滿腔情愫，託附月娘。兩者皆有取於月圓的象徵。月色，通常是最令人意亂情迷，神思搖蕩的，苗族人的「跳月」求偶習俗，選擇中秋月圓之夕進行，正基於此。此時的月神，除了作見證之外，監督的作用也是極明顯的。如丁耀亢的《續金瓶梅》中，鄭玉卿與銀瓶在私嚐禁果後，向月賭誓，道：

我兩人有一人負心的，就死於千刀萬劍之下！

不過，這裡究竟誰是月神，卻沒有指明出來。在明代的一些民歌中，則出現了月光菩薩，如以下兩首：

牛郎織女七夕會天河

悶來時獨自在月光下，想我的親親想我的冤家。月光菩薩，你與我鑒察：我待他的眞情，我待他的眞情。哥！他待我倒是假！

悶懨懨獨坐葡萄架下，猛抬頭見一個月光菩薩。菩薩你有靈有聖，與我說句知心話。月光華菩薩，你與我去照察他，我待他是眞心，菩薩，他倒待我是假！

據說，月神常化身爲月華，降臨人世，照察世間男女情愛，其中監督的意味甚濃，寖寖然有愛情守護神的架勢，只不過劍拔弩張，倒有點血淋淋的，令人不寒而慄。値得深思的是，向月光祝禱的人，大體皆爲女性，這似乎反映了傳統女性在戀愛中的弱勢地位，在缺乏保障之下，只得乞靈於神祇的庇佑、監督，這多少有點無奈罷！

臺灣民間信仰中的「七娘媽」，是與牛女傳說相關的另一尊愛神。七娘媽原是護子神，一般人在孩童剛出世，或身有疾病時，往往到廟中祈禱，希望能保佑孩童順利成長，有些家長甚至打了長命鎖，讓孩童拜七娘媽爲「乾媽」。七娘媽既然具有母親的身分，自然與凡俗的父母親一樣，除了拉拔、呵護孩童成長外，少不了要爲他們未來的歸宿操心。因此，七娘媽就順理成章地兼具愛神的職分了。七娘媽又叫七星娘娘，據說就是天帝的七個女兒——織女，但是，傳說中的織女只有一位，織女星宿也只有三顆星，何以二者會繫合爲一呢？這恐怕與董永和七仙女的傳說有關。七仙女善於織布，很容易令人誤以爲即是織女，傳說一變再變，就衍成了七娘媽了。只是，織女本是羅敷有夫的，卻又被歸屬在董永名下，豈不知要置牛郎於何地。不過，民間傳說穿鑿附會，本就沒有什麼道理可講，這也是特色罷？

七娘媽這幾位愛神，與牛女星最大的不同，在於她們主要的職責在於媒介，而非保障或監督。相傳每年七夕之後，七娘媽就必須將塵世未婚的少年男女，分別造冊，呈報天庭，然後由月下老人依據花名冊中所載的資料，一一撮合配對。畢竟，七娘媽的愛神身分，只是兼差性質，因此所擔負的工作，也比較輕鬆一些，有點像現代婚姻介紹所中的助手。當然，花名冊中的資料是否詳實，直接牽涉到未來鴛鴦譜的擬定，其不能有任何舛誤，也是可想而知的了。

由於環繞在牛女傳說周遭的故事，皆相當的淒楚與無奈，傳說中的氣氛，當然也免不了淒風苦雨，淚漬紛紛，這就難免會令天下有情男女感到遺憾了。相對之下，月下老人的紅線繫足，就討喜得多了。

傳說中的月老，有一本注定天下姻緣的「婚牘」，也有一根牽繫情侶的紅絲，那怕是山長水遠，海天遙隔，一旦紅絲繫定，姻緣自不遠千里而來。雖然說這不免有點宿命，就像韋固，始終無法超越命中的定數，與當初賣菜瞎婆子的女兒成婚了，但是結局的完滿，似乎抵消了這分無可奈何。月下老人是慈悲的，正如他被塑造的長者形象一樣，在他主持之下，愛情非但不會像西方的丘比特般，充滿了惡作劇的意味，反而成爲一種保障與倚靠。更重要的是，中國人的愛情，通常以婚姻爲基礎，婚姻雖未必能保障愛情的存在，但一切被認可的愛情，都必須以婚姻爲歸宿。這一點，我們從明代流行的才子佳人小說中，可以獲得證明。儘管這些愛情是多麼的火辣刺激，如何敢於大膽地違逆「父母之命，媒妁之言」，最終的結局，還是以社會認可的婚姻爲歸宿。或許今人會不以爲然，但古人卻是甚少質疑的。月老的紅絲，其實就是唐代婚俗中的「拴紅線」，到了宋代，則演化成「牽紅巾」，我們在電影、電視或戲劇中，經常看到婚禮中新郎、新娘互牽於手的紅帶，則是它最後的形式了。紅帶，除了代表喜氣之外，無可置疑地，含有結繫雙方愛情的用意，至於強調婚姻久長，琴瑟諧歡，當然就不在話下了。

願天下有情人，都成了眷屬；
是前生注定事，莫錯過姻緣。

這是在杭州西湖孤山白雲庵月老殿中，一幅傳誦久遠的對聯，大可代表一般人對月下老人的期許。毫無疑問地，假如中國必須有一尊愛神的話，月下老人應該是最佳的人選了，因爲，他帶給有情男女的，不僅是一段地老天荒、令人憧憬的愛情，更是一樁海可枯、石可爛，而且盟誓將永遠獲得保障的婚姻。

不過，世間所謂完滿的婚姻，又眞正的有多少呢？俊男配醜女，巧婦伴拙夫的情形，豈非所在皆有？這姑且不論，就是品貌相當，性格接近了；在情投意合，山盟海誓下完婚了，最終卻成爲怨偶的，又幾曾少過？難不成月下老人和小說中的喬太守一樣，不免亂點鴛鴦譜？事實上，傳說中的月老，很難不讓人詬病，也許是年老力衰了罷？他居然曾犯一次大錯。原來，月老在安排姻緣時，會先以黏土塑出情侶的泥像，再用紅線拴牢，等泥人乾了，姻緣也就天成了。可是，月老在一次疏忽下，竟讓泥人給驟雨淋散了。事後，泥人重新捏合，「你泥中有我，我泥中有你」，世間荒謬的婚姻，也因而在命定中錯鑄。

只是，中國人畢竟是寬宏大量的，月下老人的無心之失，一般人並不引以爲意，而且，恁誰也不願相信，自己會如此倒霉，就偏偏是那一次失誤下的產品。因此，月老祠中，至今依然香火鼎盛，頌聲不絕。

03　生肖類

鼠年說鼠

在十二生肖中，老鼠排行第一，民間廣泛流傳著它如何狡獪地對付貓兒、欺騙牛兒，在上帝遴選侍衛的過程中，脫穎而出的故事。故事中的老鼠，奸險狡詐、詭計多端，倒是相當符合中國人對老鼠的一般看法。

在中國人的心目中，老鼠的形象，向來不佳，大抵上，「猥瑣」二字可以一言以蔽之。「猥」則鄙陋、不潔，「瑣」則細小、鬼祟，現實世界中的老鼠，隱藏在陰溝、樹洞、天花板等汙濁、穢暗的地方，以其靈巧的身軀、矯捷的動作，穿屋穴牆，竊食偷囓，從不敢在光天化日下堂堂皇皇的現身，已令人嫌厭；再加上繁殖力迅速，農民一年辛苦的收成，有四分之一為「鼠耗」狡獪地侵奪，更教人恨得牙癢癢的。這點，我們從日常的俗語中，老鼠往往與「鼠竊狗偷」、「獐頭鼠目」、「賊眉鼠眼」、「抱頭鼠竄」、「一顆老鼠屎，壞了一鍋粥」等負面成語繫聯在一起，可以想見一斑。至於歇後語中的「老鼠過街——人人喊打」，更傳神的模擬出「人鼠之間」的仇恨。

「鼠輩」之所以令人嫌惡，主要是因為牠侵害了人類社會，試想，一千八百多種，為數幾乎與人類相彷彿的「耗子」，在已然相互競爭非常劇烈的人類社會中，不但硬插一足，欲分一杯羹，更傳播了許多令人聞之色變的疾病，怎不教人類起而撻伐？自古以來，消除鼠害，就是中國農業政策中相當重要的一環，《禮記》中就記載了每年年終「大腊」的祭典中，天子必須「親迎」老鼠的天敵——貓，以祈求來年不生鼠害，至於平時人家羅掘田鼠、燻牆灌穴，更是常見的慣例。充滿了「大人類沙文主義」的人類，有時候會高舉「保護動物」的旗幟，為許多瀕臨絕跡或與人類頗能和平相處的動物請命，但一提到老鼠，很少人不深惡痛絕的，似乎怎麼樣也輪不到受「保護」，除非牠有幸生長在以殺生為戒的印度，或許，這就是老鼠的「宿命」吧？

老鼠「宿命式」的令人嫌厭，使牠原來的習性，也饒有濃厚的文化象徵意味，例如迅速敏捷的動作，硬生生的被塑造成「竄」字，大似落荒而逃；謹慎小心、待時而動，則被形容成「膽小如鼠」；眼明手快，精細俐落，則又被稱為「賊眉鼠眼」或「獐頭鼠目」，人類依自己的好惡，總是武斷地在老鼠的習性上作價值判斷。因此，老鼠成為「盜竊」、「狡猾」、「不潔」的象徵，《爾雅翼》稱其「盜竊小蟲，夜出晝匿，穴蟲之黠者」，而國畫大師溥心畬更曾經以十二肖爲題作畫，認爲「鼠形人盜竊」；「盜竊」與「狡猾」同氣連枝，未有不奸不狡而能偷能竊者，因此「賊眉鼠眼」，眼睛圓滾滾、溜溜轉的人，必然心懷鬼胎；至於「不潔」，雖與老鼠所居之卑汙有關，實則指道德操守，如鄧文原〈錢舜舉碩鼠圖〉所說的「禾黍連雲待歲功，爾曹竊食素餐同，平生貪黠終何用，看取人間五技窮」，所以相傳費長房成仙時，雞犬皆隨之昇天，唯有老鼠，卻因其「不潔」，而遭摒落。林林總總，幾乎已將老鼠「定位」在成道德的負面形象了。然而，從老鼠的眼光看來，人類自身又是如何？據動物學家的研究，老鼠其實和人類頗爲相近，都是聰明好奇而善於猜忌的，而「鼠輩」行事，大抵還不離老鼠的天性，「人輩」所行所事，卻往往刻意扭屈其自詡的「人性」，孰優孰劣，恐怕還不易驟下斷語。《詩經．鄘風．相鼠》說得很明白：「相鼠有皮，人而無儀；相鼠有齒，人而無止；相鼠有體，人而無禮。人而無禮，胡不遄死？」顯然，人不如鼠了。《詩經．魏風．碩鼠》早在二千年前就語含譏諷地將人與鼠對舉，寫下了一篇絕佳的諷刺詩：

碩鼠碩鼠，無食我黍。
三歲貫女，莫我肯顧。
逝將去女，適彼樂土。
樂土樂土，爰得我所。

碩鼠碩鼠，無食我麥。
三歲貫女，莫我肯德。
逝將去女，適彼樂國。
樂國樂國，爰得我直。

碩鼠碩鼠，無食我苗。
三歲貫女，莫我肯勞。
逝將去女，適彼樂郊。
樂郊樂郊，誰之永號。

詩中的那隻「大耗子」，其實是指橫徵暴斂的地方官吏，詩風蒼涼悲苦，對現實中侵奪他們的老鼠，百姓可以盡情加以撲殺；但是受不了官吏壓迫，既無法反抗，則只有出走一途，只是，所謂的「樂土」，究竟在哪裡？詩末「誰之永號」的辛酸激楚，生動描繪出這種無助淒涼與絕望。「人輩」對人類的危害，似乎永遠強於「鼠輩」，至少，老鼠群輩相處和諧，不會做出「殘民以自肥」的事。秦代的李斯，在寒微的時候，據說是看到廁所中的老鼠「食不潔，近人犬，數驚恐之」，而米倉中的老鼠則「食積粟，居大廡之下，不見人犬之憂」，於是發憤振作，欲作倉中之鼠，遂向荀子學帝王之術。但是，李斯所行所事，卻與「鼠輩」大相徑庭，試看，鴆殺同門師弟韓非、協同閹宦趙高弄權，甚而倡議焚書、箝禁思想，哪一項是「鼠輩」會作的？不知道李斯在臨死前，除了想到牽黃犬漫步於咸陽郊道的逍遙自在外，是否也會想到，倉中的老鼠，無作無孽，所以才能飽食而不驚？

儘管中國人一般而言都是嫌厭老鼠的，但是，除了厭惡外，更值得深究的是其他相關的一些微妙觀念。首先，老鼠之所以被稱爲「老」鼠，就相當値得玩味。

鼠字爲象形字，甲骨文就依老鼠的外形，「畫成其物，隨體詰屈」，描摹出一個尖頭圓眼、細軀長尾的「」字，就是在漢代許愼的《說文》中，小篆體的「」字，也依稀傳神可睹。《說文》所收的鼠部字，有二十多個，如鼠是「穴蟲之總名」，鼫是「五技鼠」，鼢是「地中行鼠」，鼨是「豹文鼠」等等，不同的鼠，各有專名，泛稱時則只稱鼠，而不稱「老鼠」。眞正的「老鼠」，據說是蝙蝠。鼠而稱「老」，始見於南朝，著名的文人沈約，就曾被蕭穎達罵成「老鼠」。據李時珍的說法，鼠之稱老，是因其壽命長久，可是，這不但與實情不符，恐怕還是只知其一不知其二的說法，因爲老鼠一般壽命在兩年左右，最長壽的天竺鼠也不過十年。在中國詞語中，以「老」字領銜而成爲專稱、泛稱的動物，常見的有老虎和老鷹。「老」字儘管有許多涵義，但不外乎指年歲之久，及由年久引申而來的老練、尊重之意，因此，鷙猛迅捷、動挾風霜的鷹，凶暴殘狠、威勢驚人的虎，以老鷹、老虎呼之，倒還算名副其實，畢竟，「老」字容易令人聯想到淵渟嶽峙、不怒而威的氣勢；但是，老鼠身軀既小，壽命又不長，衡以鳥類之「小鳥」通稱，似應稱爲「小鼠」，卻偏偏冠上了這個莫測高深的「老」字，其中的底蘊若何，就格外有趣了。

大抵上，中國文字的涵義，往往是相反相成的，如「小」字，負面有輕視的意味，但正面說來，卻令人容易親近；「老」字雖不免教人畏懼，卻往往易使人尊敬。老鼠儘管受到嫌厭，但從某個角度來說，卻是頗討喜的。例如，老鼠雖侵奪了人類辛苦耕耘的收成，但是，有收成，畢竟還是一種喜悅，因此，「鼠耗」，實代表著「豐年」，近人黃磊生所繪的〈豐年圖〉，就實際畫出幾隻老鼠啃嚙蔬果的情形，正說明了此一觀念。在中國過去的農業生活中，豐厚的收成，是每個人最大的願望，貧苦人家，家徒四壁，難得有老鼠光顧，一旦老鼠「惠然肯臨」，則代表著財源滾進，因此，老鼠又有「錢鼠」的稱號，在年畫中，也常可以見到老鼠啣著銅錢的圖象。舊俗中，有「初三老鼠娶新娘」的傳說，每到初二晚上，家家戶戶皆在屋腳、牆底，遍灑米、鹽等物，謂之「老鼠分錢」，以祈求來年財源廣進。據說這一天是老鼠娶親的日子，在民俗作品中，多繪有〈老鼠娶親圖〉，花轎、鼓吹、執事，無一不備，鼠新郎披紅掛彩，喜氣洋洋的高踞馬上，相當生動有趣。此一傳說，流佈的範圍極廣，江蘇鎮江至今仍流傳一首兒歌，敘述老鼠嫁女，歌詞相當有趣：

天上有個月，
地下有個闕，
打水蝦蟆跳過闕。

我在蘇州背囍碼，
看見老鼠嫁女兒。
龜吹簫，鼈打鼓，
兩個剛蝦朝前舞，
烏魚來看燈，
鰱魚來送嫁，
一送送到橋頂上，
一跌仰把叉，
一路哭到家，
告訴吾媽，吾媽要罵，
告訴爹爹，爹爹要打。

童歌中的老鼠，以極其親切近人的姿態出現，絲毫不沾染現實層面中令人嫌厭的氣質；其實，就是在現實中令人不敢恭維的缺點，如狡猾，有時候也轉化成可喜的方式出現。狡猾，從另一個角度來說，是機智，亦是聰敏的代稱，只要此一聰敏機智是在一種「無害」的狀況下呈顯，未嘗不教人喜愛。老鼠的聰明，是經由動物學家證實的，但在傳說中，老鼠儘管聰敏，此一聰敏卻多少帶有點嘲弄的意味，十二生肖排次的傳說中，老鼠為了爭得第一的虛銜，卻與貓結下了永世不解的冤仇，以豁達的胸次觀之，未免可笑；西方老鼠為貓戴鈴鐺的故事，也顯得老鼠的聰明，似乎無用武之地；中國民間相傳「老鼠搬蛋」的故事中，更極其戲謔地活繪出一幅滑稽突梯的圖象，試想，一隻仰腹抱蛋的老鼠，由另一隻老鼠銜著尾巴倒拖而走，豈非相當有趣？

擴而廣之，就是老鼠宿命式的盜竊罪名，有時也不是那麼令人難以忍受的。莊子曾經感嘆，「竊國者侯，竊鉤者誅」，在莊子看來，世間犯了「竊盜」之罪的，何止所謂的小偷？可是，世人老眼迷懵，總為許許多多表面冠冕堂皇的說辭欺瞞，忽略了眞正「偷竊」了人生最大資源的，正是那些義正辭嚴的「竊國者」。老鼠儘管偷竊人們的糧食，但是，相較於貪官汙吏的鯨吞蠶食，恐怕還是相形見絀的，前文所引的〈碩鼠〉詩，已經說得很明白了。然則，老鼠的偷竊，未嘗不可以淡然視之，更不妨突發奇想，以其人之道還治其人之身，何不就讓竊鉤者來對付竊國者？老鼠在這種情形下，就超越了牠在傳統中的舊格局，以一種清新的面貌出現在舞臺、文學中，而深受民衆歡迎。

舊小說中有「五鼠鬧東京」的故事，大意是五隻老鼠幻化成人形，大鬧京城，從皇太后、天子、丞相、包青天到書生，無不維妙維肖，作者利用眞假虛實的對比，塑造了一段相當生動有趣的情節。在故事的結尾，雖然還是由包公借得了老鼠的天敵「玉面貓」平服了五鼠，但是，五鼠在這段故事中，卻已不怎麼令人嫌厭了。清朝的石玉昆，以這段故事為藍本，在《三俠五義》中，重新賦予了五鼠新的內涵——雖然仍然是偷盜者流，但卻是成為正義的化身，除了專向貪官污汙吏下手外，更協助清官包拯、顏查散等，處處仗義行俠。在文人的想像世界中，老鼠，尤其是長像類似老鼠的人，大抵與竊盜脫離不了關係，但是，卻也都是「俠盜」之流，而且滑稽風趣，成為情節中不可或缺的甘草性角色。畢竟，大德不踰閑，小德何妨略有出入？

中國人看老鼠，就是這樣微妙而複雜的。

談虎色變

眈眈老虎底許來，抱石踞坐何雄哉！目光夾鏡尾束胯，百獸卻走潛風埃。（元・王惲〈趙邈齪虎圖行〉）

長風颼颼震林木，百獸紛披望風伏，霜牙凜凜摧萬夫，金鏡瞳瞳射雙目。（明・劉溥〈題畫虎〉）

這是兩首題畫中老虎的詩句，雖說是畫，但凜凜的神姿、威猛的氣勢，仍不禁令人望而生畏、不寒而慄。畫已如此，眞實的猛虎，目瞬寒劍，尾剪霜風，吼嘯曠野，傲然不群，更將何等英武，何等雄壯！中國人對老虎有相當微妙而複雜的觀念，但文人卻往往鍾情於談虎、說虎、賦虎、詠虎，如明朝的王穉登有《虎苑》、陳繼儒有《虎薈》，專收有關老虎的奇事、軼聞，而宋朝有名的田園詩人范成大，詩雖以平淡輕巧著稱，卻偏偏喜歡談虎，甚至將書房題爲「說虎」，蓋文人胸中，總難免有些豪壯之氣，藉虎抒懷，自也是「遠望當歸」罷！

成語裡有「談虎色變」一詞，意思是說因虎性凶猛，人盡皆知，故即使平生未見眞虎，提起來也會戰戰兢兢，容色遽變。但這對現代人來說，恐怕未必盡然，蓋今人所見之虎，不是困於動物園中威風盡失的老虎，就是探索頻道之類記錄影片中不具威脅性的老虎，大可津津樂道而談。不過，即將來臨的新的一年，倒是有若干較「迷信」或「寧可信其有」的人，會聞之而色變。

西元二〇一〇年，歲次庚寅，年肖屬虎，已是令人有點不安，再加上本年（從西元二〇一〇年二月十四日到西元二〇一一年二月二日）是「兩頭無春」（立春節氣固定在國曆的二月四日，因此明年一整年都沒有立春）的一年，俗稱「寡婦年」，所謂「寡年無春，不宜結婚」，因此很多人都趕著要在農曆年前完婚，來個「有錢沒錢，嫁娶過年」。實際上，由於我國是是陰曆、陽曆並用，因此「雙春」、「單春」、「無春」的情況，勢所難免，與適合婚嫁與否無關，原不必大驚小怪；可卻偏逢「虎」年，民間對虎，向來禁忌繁多，其中自有許多耐人尋味的文化意義。時值「牛尾虎頭」之際，正不妨稍作探討，以應時序。

從「虎」字說起

在動物學的分類上，老虎屬於哺乳綱、豹屬、貓科中體型最大、已經高度進化的獵食性動物。現代虎有九個亞種，主要棲息地在東南亞和東北亞，體型最大且最知名的是印度的「孟加拉虎」，在中國境內，則是「東北虎」和「華南虎」。

漢字中的「虎」字，是依「畫成其物，隨體詰曲」的象形原則創造出來的，從甲骨文、金文中看來，道道地地的就是一隻老虎的形狀，小篆的字形，據元．周伯琦《六書正譌》所說，則「象虎踞而回顧之形」，楷書由此而來，也依稀可以看到牠倨伏於大地上的雄姿；至於後來書法家所書寫的充滿藝術形象的「虎」字，則特別強調虎夭矯流暢的動作與身影，尤其是草書的虎，氣韻生動，眞的是「虎虎生風」。臺灣草嶺古道上至今留存有一「虎字碑」，是清同治六年（西元一八六七年）臺灣鎭總兵劉明燈行經草嶺山道時，突遇風雨，方向莫辨，故以芒花結束爲筆，書寫此字，取《易經》「雲從龍，風從虎」之意，予以鎭壓，字體靈妙生動，威猛有力，足作瑰寶。

中國人對虎的稱呼極多，「虎」是正式的名稱，俗稱「老虎」、「大蟲」，

甲骨文	金文	小篆	楷書
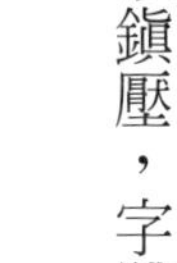	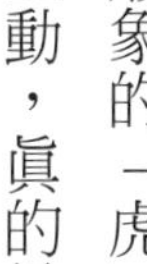	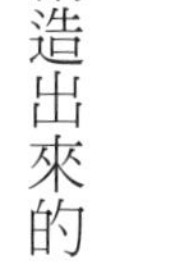	虎

此外還有李父、李耳、於菟、伯都等異名。李耳本是老子的名字，老虎居然與這位道家始祖同名同姓，頗爲有趣，也因此有一些不經的傳聞。據說老虎食人，是有一些原則的，上午食人，從頭先吃，下午食人，則從腳開始，而且醉者不食、睡者不食，一定要等人醒了之後才大快朵頤；同時，因爲「耳」與牠的名字相忌，食人是不吃耳朵的，如果吃了耳朵，每吃一人，虎耳上就會多一個缺口。這些傳說，都荒誕不經，古代更流傳「虎倀」的說法，說老虎具有靈異性，食人時不但會作法命人自動將全身衣物褫下，自動獻體，人被食死後，更會變成「倀鬼」，爲老虎搜尋到下一個受害目標——這就是所謂「爲虎作倀」的成語出處。當然，從現代的角度來看，這些傳說都是非常荒謬的，但在古代，老虎的威猛凶暴，再加上一些靈異的傳說，正不啻是「如虎添翼」，足以讓古人「談虎色變」了。

虎威、虎害與虎符

老虎矯健勇壯，動作迅捷，威猛無比，由於棲息地與人類相互重疊，因此常與人類發生衝突。就單純的人力而言，人類本是無法與老虎相抗衡的，因此，對老虎充滿了驚怖與畏懼，每逢虎入市廛或虎傷食人命，就會引起一陣社會的恐慌。老虎是威猛無匹的，以人類的角度看來，也難免是凶殘惡毒的，因此，暴虐凶殘的政令與官吏，常被拿來與虎相提並論，所謂「苛政猛於虎」是也；而在許多小說中，大凡以「虎」爲名的，多半也是凶暴殘惡之徒，這點，我們從《水滸傳》中以「虎」爲名的好漢中，只有「插翅虎」雷橫入了天罡，其他包括「矮腳虎」王英在內的八隻老虎（含「母大蟲」顧大嫂），都只能位列地煞中，可以窺見一斑。《韓非子》有云：「毋為虎傅翼，將飛入邑，擇人而食」，其實插翅猶可，畢竟還是獸類，最可怕的是「人而虎者」，周處少年時為「三害」之最，正是導源於此。

是從載籍中看來，「虎患」始終都是一件攸關政績的大事，相關文獻中充斥著老虎如何傷害人命以及人類如何憑藉著勇力、術法、智慧及道德而倖免於虎吻之下，並且還能「感化」老虎的傳說。是則那些能以小搏大、以弱擊強的人，豈不更是勇冠一世？宜乎載籍中紛紛加以傳誦了。

在這些傳誦一時的故事中，女子、僧道、名將、勇士四種人最引人矚目。女子本是柔弱的，但在危機迫在眉睫之際，有時則能發揮潛能，展現出不凡的信心與勇氣，「二十四孝」中「打虎救父」的楊香，就是最著名的例子。僧道「伏虎」，傳聞也不少，佛教有慧遠禪師的「虎溪」、「虎跑泉」的美談，道教則有趙公明（玄壇）騎黑虎的傳說，高僧仙道幾乎都以「感化」、「勸悟」的方式，馴化了鷙猛凶殘的野獸，而為後人所頌揚。然而，最膾炙人口的，還是那些能搏虎、射虎、打虎的英雄勇士。

楚國的熊渠子、養由基，以及漢代的李廣，都有「射虎穿石」的傳說，顯現出「神射」的高超技藝，歷代名將、勇將，射虎的事跡，也一再為後人所強調，筆記小說中不勝枚舉，宋朝名將韓世忠微時之所以受到梁紅玉青睞，據傳就是猛虎託生顯聖的。儘管孔子對「暴虎憑河」的子路很不以為然，但在民間傳說中，能空手搏虎、打虎的，卻常是最膾炙人口的英雄。在《水滸傳》中，仗著幾分酒力上景陽崗，五七十拳活活打死吊睛白額大虎的武松，雖是小說之家之言，卻塑造出了「打虎英雄」的典型，活躍在民間的傳說中。試看其他獵戶雖準備了窩弓、藥箭、陷阱諸多捕虎器械，卻沒有任何一個人有武松的能耐，雖說是「暴虎憑河」，凜凜威風，仍在字裡行間迸躍而出。

對伏虎、打虎英雄的肯定，意謂著人類對老虎勇敢、威武、矯健的欽慕與嚮往。相傳在婦女懷孕時，將「虎鼻」懸掛在門口，所生下來的男子未來必然能操掌兵權、佩帶印綬。因此在軍旅中每以熊、虎爲旗幟，勇壯的軍士謂之爲「虎賁之士」，而領軍出征的將帥，亦通常持有「虎符」作爲表徵。「虎符」是出征將帥調兵遣將的憑證，通常以黃金或銅鑄成，剖爲兩半，一半交給將帥，一半由皇帝留存，必須兩符相合，才能調派兵力。其形如靈動欲躍的虎形，上面刻有銘文，記載用符範圍及權限，蓋因軍隊以驍勇爲先，故取虎以爲表徵。

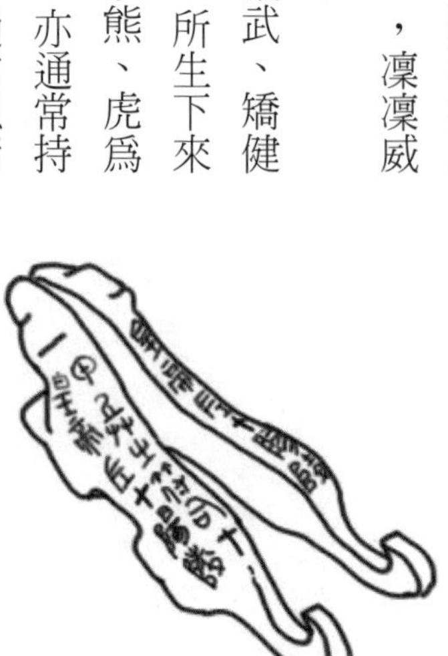

古代的虎符

戰國時秦昭王攻趙，魏國原派晉鄙出援，但受秦國恐嚇，按兵不發，於是侯嬴設計、信陵君偷盜虎符、朱亥錘死晉鄙，卒解趙危，就是後來流傳甚廣的「盜虎符」故事。現在流傳下來最早的虎符是秦代的「杜虎符」，銅質，上刻有銘文「兵甲之符，右才（在）君，左在杜。凡興土被甲，用兵五十人以上，必會君符，乃敢行之。燔燧之事，雖母（毋）會符，行殹（也）」等四十字。

軍旅之中，令行禁止，律令森嚴，猛虎生威，衆不敢犯，虎形正具有此象徵意義。古代樂器中也有類似這種「令行禁止」的樂器，名字叫「敔」（ㄩˇ），也是依仿虎形而製作的。「敔」爲木雕而成，形如臥虎，上有二十七條「鉏鋙」（像凹凸不平的牙齒，與虎身上的斑紋相類），「敔者，禁也」，是在樂曲終了之際用來終止音樂的樂器，其法是以一竹片（籈）橫刮「鉏鋙」三下，以作爲演奏的結束。

虎落平陽被「人」欺

老虎的威猛，令人欣羨；凶暴，又令人心生畏懼。中國人對虎的觀念，往往就徘徊在敬與畏之間。不過，就一般民間而言，畏實際上遠遠超過了敬。中國民間對虎，有許多令人難解的禁忌，如屬年肖虎者，不能直接參與婚喪喜慶、婚配時會對雙方不利等；尤其是女子，如果是虎年下半夜出生的稱爲「下山虎」（虎餓下山，必擇人而噬），在古代是沒有人敢娶入門的，因此在論婚嫁時，都會故意多報或少報一年。

女子與虎連結，主諸事不利，此說流傳民間甚久，凶悍的女人，也常被稱爲「母老虎」，如宋朝有吳氏姐妹六人，皆悍妒異常，被號爲「六虎」，曾經親手殺死婢妾十餘人，甚至連鬼都怕她們；《水滸傳》裡的「母大蟲」顧大嫂，書裡寫她：「眉粗眼大，胖面肥腰。插一頭異樣釵環，露兩臂時興釧鐲。紅裙六幅，渾如五月榴花；翠領數層，染就三春楊柳。有時怒起，提井欄便打老公頭，忽地心焦，拿石碓敲翻莊客腿。生來不會拈針線，正是山中母大蟲」，也果眞是讓男人望而生畏的一副形象。性格如虎般潑辣凶暴的女人，令人畏懼如此，而中國人又好以生肖比附人的性格，是以虎年出生的女子，就容易讓人畏懼了，此其一也。此外，虎在五行中屬金，方位爲西，顏色主白，金爲秋氣，主刑主殺；虎嘯風生，風生而萬籟皆伏，是以又不宜女子，此其二也。說穿了，這是以男人立場附會五行方位之說而形成的錯誤觀念，今人實不必有此忌諱。

現實上以獵食爲生的老虎與中國人觀念中的老虎，都一樣脫離不了「刑殺」二字，所謂「刑戮施於小人」，事實上也並不純然就是危害，在載籍中，也多有猛虎護善罰惡的記載，在神話傳說中，神荼、鬱壘兩尊門神，駐守在度朔山下的一株大桃樹下，手執葦索，旁牽一猛虎，專門用以制裁惡鬼，雖是「以暴易暴」，對老百姓還是具有庇佑功能的，因此，自漢代以來，猛虎也常被當作禁制百鬼、瘟疫的尊神，在新年時，張貼一張虎爺的年畫，自能百邪辟易，闔家平安。

不過，就在這樣又畏又敬的心理下，現實界的老虎，卻非常不幸的註定要在這樣的觀念下逐漸消聲匿跡。畏之懼之，故欲除之，這還可以理解；而敬之慕之，在中國人所謂「食補」的觀念推波助瀾下，老虎身上，除了虎皮可以禦寒、可以美觀外，虎鞭可以助陽、虎鼻可以助生子、虎膽可以壯志氣，尤其是虎骨，可以研磨入藥、可以製藥酒、可以作膏散外敷，專門治療風癱、肌肉、筋骨、瘧疾、驚悸等病，連虎肉也有人食用，因此遭到大量的濫殺、濫捕，古書中常見的「華南虎」，在毛澤東年代，更在除「瘟神」的口號下，大舉被殲滅（三千多頭），至今已經瀕臨絕種。想當初昂首闊步，傲嘯曠野、山林的萬獸之王（山君），於今落拓得比「平陽虎」還不如，眞的令人感慨萬千。

中國人心目中的「羊」

在西方童話中，我們經常可以看到這麼一個固定屬於羊的形象：兩隻尖而細長的直角，削瘦的臉龐，下巴一撮稀疏的鬍子，鼻梁上架著一副象徵智慧的黑框眼鏡。牠所代表的是老成持重、公平正直，以及大智大慧。這個形象，早在中國的象形文字中就已經存在了，如甲骨文、金文中的羊（、）字，正是「畫成其物，隨體詰曲」，活脫脫地呈現出一隻羊的形狀。而且，在祭祀獻品的犧牲中，我們也經常可以見到掛上眼鏡的公羊。可以說，中國人對羊的觀點，有一部分是與西方國家類似的。這點，我們從羊的別號——髯鬚主簿中可以窺出。

主簿是掌管簿籍會計的佐領官，自漢代設立御史臺主簿以來，魏、晉以往，各層級行政官員皆設主簿，協助主官處理文案等事。就職位說來，主簿職等並不高，但是地位非常重要，非親信不能任此職。一般任職者，亦因此職必須面對許多疑難雜症，故而皆有相當高的智慧及辦事才能，所謂「使三十年看儒書，不如一詣習主簿」，正說明了這點。羊被稱爲「主簿」，不但表明了牠相當的智慧，而且，「髯鬚」代表經驗老到，其老謀深算的特色，更是呼之欲出了。

除了智慧老成之外，羊和公正的執法者也有密切關係。古代的「法」字，寫成「灋」，這個「廌」，又名「觟廌」（即獬豸），是一隻角的羊，據說牠性能辨善惡，「平之如水」，可以「觸不直者而去之」，因此，連皋陶見了羊，都要肅然起敬。

中西兩方對羊的共識，恐怕與羊的長相很有關係，尤其是那撮「山羊鬍子」，頗易引人興起「長者」的孺慕之情，遇有疑難或糾紛，抬出「羊法官」來排難解紛，毋寧是相當正常的心理反應。也許我們還可以順水推舟，將這點共識視爲中西文化共源的例證。不過，這是非常危險的武斷方式，因爲，事實上，中國人心目中的羊，除了具有上述與西方類同的象徵意義外，還有許多豐富而且複雜的內涵，是與西方大異其趣的。

中國人對羊的觀點，可以分成兩層來看，一是意識中的羊，浮現在各個不同的歷史傳說中，代表了吉祥、光明，以及令人稱道的溫和馴順的美德；一則是潛意識中的羊，在傳說中偶爾出現，代表了陰狠、狡詐、暴虐等黑暗面。這兩種相反的象徵性質，很奇特地結合在一起，共同架構了中國人的「羊羊大觀」。究竟這種相反相成的結合方式，呈顯出何種意義？相信這是一個很有興味的論題。

中國人心目中「認可」的羊，正如牠的同音字「陽」一般，象徵了人世的光明面，誠如《說文解字》的解釋：「羊，祥也。」羊最大的特徵就是「吉祥」。這點，我們從幾個常見的从羊字，如美（羊之大者味美）、羞（同饈，以手進羊爲食）、義（善也，从我从羊，表示我之威儀）、善（美也）、羨（饒也）、羹（羔之美者）、群（羊性合群）等，都帶有「美、善」的涵義，可以獲得一些啓示。

大致上，這些字都與羊的美味與衆多有關，早在殷商時代以前，中國人就已大量蓄養羊群，作爲食用及祭祀中的犧牲了，一年中羊群繁殖的多寡，決定著年成的豐歉，在此情況下，羊群的衆多，實際上保證了生活的不虞匱乏，因此，羊的意義也就偏向正面的居多。如《詩經・小雅・無羊》一詩，即借牧羊人的夢境指出：「牧人乃夢，衆維魚矣，大人占之，衆維魚矣，實維豐年。」（魚是豐穰衆多的象徵）在這裡，羊與「吉祥」的關係已非常明白了。當然，羊群越多，所能提供牧人禦寒的皮裘越多，這點也是無論如何皆須考慮進去的。

從食物及禦寒的實用價值開展，羊也逐漸在精神生活的層面，占有了重要的地位。在祭禮上，羊是「少牢」，牛爲「太牢」，共同組成獻祭典禮中的犧牲大宗，而羊則是「士」階層的犧牲。同時，羊也是卿大夫「執贄」的禮物。《禮記》上說：「卿贄羔。」據鄭玄注云：「取其群而不失類且潔也。」這是羊的性格（合群與好清潔）與美德的結合，也是後世以羊爲「吉兆」所依循的一種固定思考模式。當然，這種性格的認定，難免具有相當大的主觀性，顯然來自於宗教性的直覺，而非生物學上的精密觀察。我們可以稱這是一種「擬人化」的方式，透過人類主觀意識的投射，而賦予了羊某種理想化的性格，並從而將之與人類社會的道德規範聯結為一。不過，這卻是中國人觀物進思的獨特風格，頗具文學趣味。

在諸多擬化出來的「羊性」中，中國人似乎對羊的溫柔和馴情有獨鍾。《易經・說卦》稱：「兌為羊。」兌即悅，意謂羊令人喜悅。何以羊會令人喜悅呢？「羊者順之畜」，正因羊柔順的性格，才會令人喜悅。兌卦為少女之象，女性被中國人界定於溫柔的規範中，也是其來有自的。大抵中國人多少都有點霸氣，喜歡自居於較高的地位，因此對屈從柔順的性格較為欣賞。此風由來已久，如《史記・微子世家》就記載周武王伐紂克殷，微子抱持著商朝禮器，「造於軍門，肉袒面縛，左牽羊，右把茅，膝行而前以告」的故實。肉袒牽羊，毫無疑問是表示屈從臣服之意，也難怪武王龍心大悅，「乃釋微子，復其位如故」了。

此外，「羊性」中最為人稱道的則是「孝順」，此為從所謂的「羔羊跪乳」中衍申出來的。「羔羊跪乳」與「慈烏反哺」往往被用作警惕教誨之語，且以之證明「人之異於禽獸者幾希」的道理。「孝為百行之先」，所謂「其為人也孝悌，而好犯上作亂者鮮矣」，從這裡出發，羊被認定是一種吉兆，實在也是非常自然的事。如董仲舒就以此引申出羊的「三德」：「羔有角而不任，設備而不用，類好仁者；執之不鳴，殺之不諦，類死義者；羔食於其母，必跪而受之，類知禮者。故羊之為言猶祥。」羊一身而兼具仁、義、禮三種賢者猶未必能做到的美德，其為「吉祥」的象徵，自然是順理成章的了！

這種一廂情願的「擬化」，雖然普遍地塑造了中國人意識中的羊的形象，但是，這是否是唯一的形象呢？在中國人的潛意識中，另一種可能是來自對現實精密觀察而得出的「羊性」，實際上也一直或隱或顯地左右著國人的思考，使得羊充滿了極大的曖昧性。《史記．項羽本紀》曾記載：楚懷王命宋義爲上將軍、項羽爲副，帥軍討秦；宋義爲了牽制項羽，曾發了一道命令：「猛如虎，很（狠）如羊，貪如狼，彊不可使者，皆斬之！」在這顯然是針對項羽而發的命令中，將羊與虎、狼相提並論，而且以「狠」字作注腳，頗與我們心目中的「羊性」大相逕庭；而項羽對付宋義的手段，倒也的確夠「狠」，不但殺人奪權，而且還標舉著「誅亂」的美名。有趣的是，何以羊在此又成了狠毒的動物呢？

這種觀念顯然與前述含有濃厚文學、宗教氣息的觀點互異，關於這點，南朝時的卞彬，在《禽獸決錄》一書中也指出：「羊性淫而狠，豬性卑而率。」羊是草食性動物，照道理應不至於達到狠毒的地步，不過，《蠡海集》中卻說明：「牛羊共居丑未之位，牛色蒼，雖有雜色而蒼多，近於春陽之生氣，故聞死則觳觫；羊色白，雖有雜色而白多，近於秋陰之殺氣，故聞死則不懼。凡草木經牛噉之餘，必重茂，經羊噉之餘，必悴槁。諺有之曰：牛食如澆，羊食如燒。信夫！是蓋生殺之氣致然也。」以地支丑、未的位置以及東、西兩方的正色，解說牛、羊性格的差異，很明顯是漢代以來陰陽五行學說影響下的產物；不過，這倒不是以陰陽五行的模式硬生生地套上牛羊之色的，而只是假用五行說來作佐證，其中尚包涵了相當細膩的實物觀察。在家畜中，羊的確是非常難侍候的一種，如《齊民要術》說到「養羊」之法時，就強調「羊必須老人及心性婉順者，以時調其宜適」，並有相當多的注意事項，可見羊並不如想像中的柔順。此所以在師旅中祭祀時，通常需「斬羊以釁」，「殺羊以警人」，表示對那些「狠如羊」、不服從軍法的人絕不寬貸之意。這也正是宋義之所以宣布上述軍令的思想背景。

至於「羊」之「淫」，在載籍中比較不見敘錄，不過，《本草綱目》曾提到一種叫「淫羊藿」的植物，主治「陰痿傷絕」，用一斤淫羊藿泡酒，稱「仙靈脾酒」，可以協助「丈夫興陽」，是一種亢奮藥酒。此一植物以羊爲名，據陶弘景的解說，是「西川北部有淫羊，一日百遍合，蓋食此藿所致，故名淫羊藿」。羊性好淫，故喜食淫羊藿，這是頗易理解的。可惜的是，類似的資料書闕有間，尚未易成定論。

不過，無論如何，羊在中國人的心目中，同時具有兩種截然相反的性格，是毫無疑問的。值得深思的是，何以這種相反的觀念，會如此「相成」於一呢？有一個傳說是頗具參考價值的。

據《帝王世紀》所載，有一晚，黃帝夢見一個勇者持「千鈞之弩，驅羊萬群」，醒後嘆道：「千斤之弩，異力者也；驅羊萬群，能牧民爲善者也。天下豈有姓力名牧者也？」於是，遍訪天下，終於在大澤求得力牧，成爲他治理天下的賢臣。

顯而易見地，羊群在此夢中的象徵意義，是普天之下廣大的人民群衆。俗話說「民如水，水能載舟，亦能覆舟」，中國人民正如同羊的兩種極端性格一般，表面上是十分柔順，永遠俯首貼耳，任人驅使的；但是，一旦在忍無可忍的時候，則又是另一種表現，此時，急進粗暴，是不惜玉石俱焚的。在這裡，中國人對羊的兩種不同觀點，似乎正是他們自身性格的寫照。在歷史上，我們可以尋得無數的例證來說明此點。

羊是吉祥的象徵，這是所有中國人所期盼的，「得民者昌」，自然連帶使百姓同享福祇；然而，「福兮禍所倚」，潛藏在吉祥止止之後的陰暗面，於「失民者亡」中，一如欲爆的火山，亦是不惜與之偕亡的！中國人的性格正是如此。

中國歷史上的「名猴」

今年歲次甲申，申屬猴，算命先生也許會說：猴年生的人有福了，因爲猴象徵著靈活便捷，屬猴者年序相應，所求必然諸事順遂，飛黃騰達。不過，自認聰明伶俐的人，反而要特別小心，切莫聰明反被聰明誤，變成他人心目中的傻瓜。假如你今年適當婚齡，最好的對象是屬馬的，因爲猴一名「馬留」，與馬向來就是相輔相成的；最忌與屬狗者通婚，因爲猴與狗積不相容。

以上的說法，只是筆者的杜撰，未必現代的「命理學家」會留心及此；不過，猴子在中國人心目中的印象究竟爲何？其思想文化的背景如何？時際猴年，倒是不妨略略一說的。從動物學的觀點來說，十二生肖中與人類關係最密切的，當非猴子莫屬了。

自達爾文發表「進化論」之後，人類沾沾自喜，認爲自己是上帝最眷顧、地位最崇高的動物之幻覺，總算被戳穿了。只要是稍具常識，而又不是執迷的宗教論者，大抵都較肯以尊重的眼光，環視天下芸芸之萬物；胸襟廣闊豁達的人，更不嫌忌諱，稱呼自己是「裸猿」。換句話說，假如人類願意降尊紆貴的話，大不妨來一個「慎終追遠」，認猴子爲祖宗。當然，猿猴類的智慧，僅屈居人類之下，也頗具有發展性，是人類還願意認祖歸宗的一大因素。的確，猴子的聰明穎悟、靈活機巧，是牠們給人的最大印象。

中國人對猴子的第一印象，就是機靈、聰敏，而好惡作劇，相信這是從猴子的本能中觀察歸納出來的。《淮南子》中記載了一則故事，大意是說：

楚王養了一隻白猿，有一天突然掙脫樊籠，大肆搗蛋。楚王非常生氣，親自挽弓搭矢，要將白猿射死。白猿見此，根本不加理會，仍舊在樹上東西跳梁、玩鬧嬉戲；楚王無奈，便找來了以百步穿楊著名的養由基。養由基還沒來得及彎弓搭箭，這隻白猿就已經踡屈在樹下，哀嚎求饒了。

這個故事中的白猿，大鬧楚宮，很明顯地不脫頑劣的本性，但是能窺知楚王與養由基的射箭能力，則顯示出牠的聰明，而及時求饒，更充分表現了牠的機變能力。由此看來，中國人是未嘗不稱賞猴子的。可怪的是，中國人雖明知猴子的本性，但是卻很少記載猴子在這方面的長處，不是語含譏諷如道家中人，稱「猿狖之捷來格」（見《文子．上德》），意謂猿猴雖機捷，卻不免爲人禁錮）、「猿狙之便」（《莊子．應帝王》），表示聰明之不可倚恃，就是將這些聰敏、機巧，納諸於人的控制下，大談猴子在耍把戲中的能耐。相對地，反而在有意無意間，強調猴子的「愚笨」。其中最有名的故事，就是《列子．黃帝》所說的「朝三暮四」了：

> 愛猴的狙公，養了一群猴子，連家當都賠了進去。眼看著三餐就要不繼了，只好與猴子們商量，減少供應。最先的方案是：早上三顆茅栗，晚上四顆。群猴不依，大聲鼓噪。狙公早已摸透了猴子的脾性，遂改口說：那早上四顆，晚上三顆，如何？群猴見早上已增了一顆，就高興得心滿意足了。

在這裡，猴子是根本看不到若何聰明的影子的。當然，這個故事的理論基礎，是道家學說中的「絕聖棄智」、「隳枝體，黜聰明」，故列子藉此強調「聖人以智籠群愚，亦猶狙公以智籠群狙也」，擺明了對所謂智慧機巧的否定。道家思想是中國傳統文化中的主幹之一，連帶所及，中國人對猴子自然沒有多少稱道之語了。至於儒家，雖未必反對智慧，甚至肯定智慧是知識分子所應具備的德行之一，但是，卻強調智慧必須納入道德的規範，如孔子即說：「知及之，仁不能守之，雖得之，必失之：知及之，仁能守之，不莊以涖之，則民不敬；知及之，仁能守之，莊以涖之，動之不以禮，未善也。」（《論語・衛靈公》）所謂「動之不以禮，未善也」，即表明「非禮勿動」之意，猴子野性難馴，行事一無章法，自然不易受到青睞了。如《詩經・小雅・角弓》說：「毋教猱升木，如塗塗附。」據朱熹的說法，猿猱本性即擅長爬樹，如果再加以教導，則更一發難以收拾，境況就如泥塗之上，再塗附上一層一樣，意在警惕人君不能長養小人。其中欲納智慧於禮教的意味，相當明顯。此外，《漢書・項羽傳》中「沐猴而冠」的故事，也頗能說明這點：

項羽入關中後，韓生遊說項羽，稱關中形勢險要，土壤肥饒，可以當建都之地。可是項羽覺得「富貴不歸故鄉，如衣錦夜行」，不接受韓生的意見。韓生氣不過，就向旁人埋怨，說：「人稱楚國人就好像是戴了帽子的沐猴，果然沒錯！」

沐猴是楚人對猴子的通稱，據說是因爲猴子喜歡「以水拭面」，故而得名。韓生批評項羽沐猴而冠，顯是認爲項羽不識大體，目光淺短，當然，猴子的「小聰明」不足比數之意，也是呼之欲出的了。

相傳猿猴類是善於變化的，這使我們立刻聯想到《西遊記》中能七十二變化的孫悟空。何以吳承恩或在他之前的創造者，在「西行證道」的取經之旅中，會以猴子爲主角？從上述的角度，也許可以說明。

在這裡，我們的「猴子」，包含了凡是屬於猿猴類的動物。古代的中國人，並不如此籠統，舉凡猿、猴、猵、狙、狖、玃、猱、獮、猓然、狨、狒等等，皆各自代表不同的猿猴屬；不僅如此，猿猴屬尚有許多別名，如參軍、王孫、胡孫、果然等。這些不同的劃分與別名，如今我們很難尋出其所據的標準，但是，除了依據生物學的方法外，顯然還具有文化上的意義。而此意義，與中國人對聰明智慧的排斥或限制，也就是儒、道思想，多少有些關係。

據《抱朴子・對俗》及《述異記》的說法，「獮猴壽八百歲變爲猿，猿壽五百歲變爲玃」，「玃千歲化爲老人」，此一次序，相當有意義，其實正表明了儒家將聰明智慧制約在禮教規範中的企圖。何以見得呢？我們從傳統中將猿與猴劃分成不同德性的兩類中，可以獲得證明。有關猴與猿的區別，唐人柳宗元在〈憎王孫〉一詩的序中，說得最爲詳盡：

西遊記中的「四聖」

猨之德靜以恆，類仁讓孝慈；居相愛，食相先，行有列，飲有序，不幸乖離則其鳴哀，有難則內其柔弱者。不踐稼蔬，木實未熟，相與視之謹，既熟，嘯呼群，萃然後食。衎衎焉，山之小草木必環而行，遂其植。故猿之居山恆鬱然。

王孫之德躁以囂，勃諍號呶，唶唶彊彊，雖群不相善也。食相噬齧，行無列，飲無序，乖離而不思，有難推其柔弱者以免。好踐稼蔬，所過狼藉披攘，木實未熟，輒齕捉注。竊取人食，皆知自食其嗛。山之小草木，必陵挫折挽，使之瘁，然後已。故王孫之居山恆蒿然。

猨即猿，王孫即猴子。在此，猿與猴的德行，有截然相反的傾向。如果說猿如君子的話，那麼猴子就不免爲小人了。事實上，古人就是以猿與君子相提並論的，如《抱朴子》曾說，周穆王南征，一軍皆死，「君子爲猿爲鶴，小人爲蟲爲沙」。猴、猿本是同類，何以在中國人的觀念中，竟有此等差別待遇？很明顯地，我們可以對照前面「獼猴壽八百歲變爲猿」的說法，將之視爲一種智慧的漸趨約限，也唯有受禮教拘限後的智慧，才是儒家所認可的。於是，從很多文獻的記載中，我們也可以發現，猿是猿猴類中最受人類肯定的，而此一肯定，無可避免的會落實在儒家的倫理規範中，而並非其聰明——這就是慈孝。

有關猿的慈與孝，是歷代文人最熱衷記載的，如宋人周密在《齊東野語》中，就同時記載了三個故事：

1.鄧艾征涪陵時，見到一母猿懷抱小猿，遂引弓射殺母猿。小猿見到母親受傷，並不逃走，反而尋找了一些草葉，替母親療傷。

2.宋吉州有一個以捕猿爲業的人，捕得母猿及小猿。他剝下母猿的皮，連同小猿一起賣給龍泉姓蕭的人。小猿看到母親的皮，就激動地抱著，邊哭邊跳，最後哀嚎而死。

3.武平縣向來以產金絲猿著名，大猿難以馴服，而小猿又經常與母親形影不離，因此很難捕捉。當地的獵人，通常是先以毒箭將母猿射殺。母猿中箭後，自知難逃一死，便將乳汁遍灑在枝葉之間，以讓小猿進食，然後才墮地而亡。獵人取獲母猿屍身後，便將其皮剝下，以鞭子鞭擊母皮，小猿見了，就會悲鳴著環繞母皮而哭，於是，獵人就可以手到擒來了。在馴養小猿時，小猿也每夜一定要跟母親的皮一起睡，才不會夭折。

這三則故事都相當感人，而作者傳述的目的，也是非常明顯的，鄧艾一則，作者歸結於「艾歎息，投弩水中」，吉州一則，則強調「蕭氏子爲作〈孝猿傳〉」，而武平金絲猿的故事，是作者父親親目所見的事，作者於此更強烈表示了他的意圖，所謂「獸狀而人心者乎，取之者不仁甚矣！」利用猿的慈孝，譏諷當世的「人狀而獸心者」，並藉此闡揚儒家倫理道德，可以說都是這一類故事的主旨。儒家中人從猿猴的聰明機靈，轉向於猿之內在德行的用心，也於此可以見知了。

以此類推，當我們發現到有若干儒生，將《西遊記》的證道主題，從儒家的角度加以解釋，如謂唐三藏、孫悟空之歷八十一難，正象徵著「心」（與聰明相關）之逐步納入正軌，也就不至於大驚小怪了。

當然，我們也可以從佛教、道教的角度闡釋這隻心猿。猿猴類之野性難馴，既已如上述，是則「心猿意馬」之漸趨圓熟，從大鬧天宮到修行證果的整個過程，就可以說是孫悟空的心路歷程了。在這裡，猴子的聰明並未被遺忘，只是在道教（道家理論一部分與之相通）眼中，孫悟空其實正如「朝三暮四」的猴子一般，自視聰明，卻反而為聰明所誤，如在〈小聖施威降大聖〉一回中，孫悟空自恃變化多端，屢變屢化，始終無法欺瞞過二郎神君的法眼，而最得意的一招——變成小廟，卻偏偏以一根旗竿，露出了猴子尾巴。聰明之不可倚仗，意在言外矣。至於佛家之旨，智慧圓照，自然與未曾得道之前的小智小慧有所區別，則更無庸贅詞了。

折翼的鳳凰——說雞

雞是今日最普遍的家禽，從日常生活所需上說，雞肉與雞蛋提供了充分的肉食與蛋白質的來源，這點原不足爲奇，但中國人相應而發展出關於雞肉與雞蛋的烹調方式，則是全世界獨一無二的的飲食文化。早在北魏賈思勰的《齊民要術》中，就已有「瀹」、「炒」、「羹臛」、「蒸炰」、「腤煎消」諸法，以供常食，千百年來，花式翻新出奇，美味可口外，形式更琳琅滿目，美不勝收；同時，從食品發展出的「食療法」及中醫的醫學理論，雞和雞蛋的「療效」，也占了極其重要的地位，這些都是同樣以雞爲食物的外國所沒有的特色。此一特色，我們從中國的生肖文化強調了雞自野生轉爲家畜的過程中，可以窺知。

不過，在生肖信仰逐漸淡化，而雞又成爲最普遍易得的家禽之後，所謂物以稀爲貴，此一特色也寖漸爲人所忘懷，甚至趨於墮落，與「妓」字在音義上皆難解難分，令人羞於並提。假如我們肯定雞的前身是鳳凰的話，則如今的雞，就是一隻折了翼的鳳凰，其中的轉變，是饒富文化意義的。時逢雞年，我們不妨來探討一下中國「雞文化觀」的轉變。

人類從狩獵、採集至蓄養家禽、播種農物的生活階段，雞是一個重要的里程碑，象徵著人類文明的一次大發展。在全世界的生肖文化中，以飛禽入星的不少，如埃及、希臘以鷹，巴比倫以紅鶴，印度以金翅鳥，皆是自然野生的動物，但在中國傳統十二生肖文化內，「酉雞」則是唯一的家禽，無論在漢族或彝、傣、黎、蒙、維吾爾等少數民族，甚至東南亞緬、泰、越等深受中國文化濡染的諸國，皆是如此，正可說明雞與中國人的密切關係。

在生肖文化中，雞的前身，應是傳說中的鳳凰。這點，我們從漢代流行的「雞有五德」說，與《山海經》中對鳳凰的描述中，可以很清楚的看出來：

丹穴之山，其上多金玉，丹水出焉，而南流注於渤海。有鳥焉，其狀如雞，五彩而文，名曰鳳凰，首文曰德，翼文曰義，背文曰禮，膺文曰仁，腹文曰信。是鳥也，飲食自然，自歌自舞，見則天下安寧。（**《山海經・南山經》**）

獨不見雞乎？戴冠者文也，足搏距者武也，敵在前敢鬥者勇也，見食相告仁也，守夜不失時信也，雞有此五德。（《韓詩外傳》）

在此，雖然「五德」的具體內容不完全相同，且鳳凰之德指羽毛的紋理，雞之德指內在德行，有內外之分，但將此二者結合爲一的企圖是很明顯的，尤其是《山海經》中明說「鳳凰如雞」，類似的記載，見於劉向《孝子傳》有關舜出生的故事：

舜父夜臥，夢見一鳳凰，自名爲雞，口銜米以哺己，言雞爲子孫。視之，如鳳凰，黃帝夢書言之，此子孫當有貴者。

此鳳凰又名「重明鳥」，史稱「舜，姚姓也，目重瞳，故名重華」，雞的眼睛就頭面的比例上說，的確是比較凸出的，也許因這點相似，因此以雞（鳳凰）作圖騰也未可知，不過，鳳凰與雞的相關性，即此已十分顯朗，故三國的徐整宣稱「黃帝以鳳凰爲雞」，更將此推溯到黃帝時期。

鳳凰爲充滿祥瑞之氣的四靈之一，一般相信，牠是百鳥之王，象徵著飛禽中最尊貴的地位。雖然如今我們所看到的鳳凰，大體已有特定的形象——重睛、尖距、金冠、彩身、長翎，夭矯於雲端，不過，這已是出現得較晚的造型了，事實上，牠是揉合了玄鳥、重明等鳥類圖騰信仰，並取山雞、孔雀的優美姿態，屢經塑造而成的神話動物。孔雀屏開金羽的優雅美麗，山雞長尾修翎的鮮豔華彩，無疑可以襯托出其高貴的氣質，而「天命玄鳥，降而生商」、「舜為重明鳥化身」的圖騰信仰，則說明了其地位的尊崇。兩相結合，鳳凰無論在氣質、地位上，皆充滿了吉慶之兆，而這也是中國人對雞的第一個觀念。

吉慶的對立面是凶邪，雞既有吉慶之兆，自然能除邪避凶。據應劭《風俗通》所載，漢代人在元旦當天，往往吞食一枚雞蛋，用以「鍊形」，魏代則殺一雄雞祭門戶，或畫一隻雞懸於門外，以避邪穢，而《山海經》中諸山祠鬼神，也都以雄雞當牲禮，及至道教流行，更以雄雞血為驅鬼法器。畫雞圖懸於門外的習俗，極易使我們聯想到門神的傳說，的確，門神的傳說是與雞分不開的，如《玄中記》即載：

> 東南有桃都山，上有大桃樹，名桃都，枝相去三千里，上有一天雞。日初出，光照此木，天雞則鳴，群雞皆隨而鳴也。下有二神，左名隆，右名窌，并執葦索，伺不祥之鬼，得而煞之。今人正朝作兩桃人立門旁，以雄雞毛置索中，蓋遺象也。

這條記載，與中國人熟知的神荼、鬱壘傳說非常神似，漢代應劭的《風俗通》與蔡邕《獨斷》皆有記載，《獨斷》說：

> 海中有度朔之山，上有桃木，蟠屈三千里，卑枝東北有鬼門，萬鬼所出入也。神荼與鬱壘

二神居其門，主閱領諸鬼，其惡害之鬼，執以葦索，食虎。故十二月歲竟，畫荼、壘，并懸葦於門戶，以禦凶也。

桃都山在《括地圖》中作度朔山，可見兩山原是一山，雖然《玄中記》較晚出，但我懷疑它的說法是比較古老的，因爲這和漢、魏元旦食雞蛋及殺雞祭門的習俗相合，這點，我們可以從漢人對雞的觀念中獲得證明。前面已經說過，漢人認爲雞有「文、武、勇、仁、信」五德，尤其是「風雨如晦，雞鳴不已」，向來就被視爲君子的象徵，地位相當崇高。而漢人又喜以五行說比附動物，關於雞與五行的關係，說法雖有不同，但都是由朝日雞鳴的習慣中衍生出來的，如《春秋說題辭》因雞在旭日初昇，陽氣始旺時啼叫，認爲「雞爲積陽，南方之象，火陽精，物炎上，故陽出雞鳴，以類感也」，從火能滌汙除穢上說，雞自然也有消除凶邪的功能，此所以應劭說「雞主以禦死辟惡」的緣故。此外，火由木生，漢人亦因太陽從東方昇起，而雞迎日高啼，故認爲雞屬「東方木」，所謂「歲終更始，辨秩東作，萬物觸戶而出」，雞鳴正象徵著嶄新的一天之來臨。而元旦爲一年之始，漢代於元日殺雞祭戶，豈非正取其除舊佈新之意？因此，最原始的門神，應是與雞有極密切的關係，《神異經》中所記載的「東方有人長七丈，頭戴雞，朝吞惡鬼三千，暮吞三百，名黃父」傳聞，也許就是它的原型罷。

有關雞象徵吉慶的說法，大約起於兩漢，而盛行於南北朝，後魏、北齊兩朝，甚至每逢國家有大赦，就設一長竿，上立金雞，表示給犯人改過自新的新生機會，可見其寓意所在。雞能消凶避邪，除舊佈新，當然就已經神格化，而非一般的家禽了，因此也有了神雞型的傳說，如：

蓬萊之東，岱輿之山，上有扶桑之樹，樹高萬丈。樹巔常有天雞，，為巢於上。每夜至子時，則天雞鳴，而日中陽烏應之；陽烏鳴，則天下之雞皆鳴。（《玄中記》）

扶桑山有玉雞，玉雞鳴則金雞鳴，金雞鳴則石雞鳴，石雞鳴則天下之雞悉鳴，潮水應之矣。（《神異經・東荒經》）

這就是成語「金雞一唱天下白」典故的由來了，儘管有天雞、玉雞、金雞、石雞之不同，但都是神雞，就一天來說，神雞報曉，帶給人一日無窮的新希望，就一年來說，元旦雞鳴，更是萬象更新的吉兆了，這也是古代將正月初一至初七，分別以雞、狗、豬、羊、牛、馬、人作象徵，而以元旦作「雞日」的用意！

在前面所述有關於雞的吉慶意味中，有一個現象是特別值得注意的，那就是這些雞很明顯的有性別之分，無論是祭祀、報曉、甚至是道教祈禳所用的雞，皆一律是雄雞，即使說鳳凰是取雞的造型臆想而成的，所取的也只可能是金冠紅囊、羽毛鮮麗、啼聲雄偉的公雞，而絕非母雞！

雞有雌雄，人分男女，特意賦予雄雞鮮明的吉慶色彩，我們很難不歸咎於自來的男尊女卑觀念。男尊女卑觀念的形成，應是在母系社會的圖騰信仰之後產生的，因此應晚於鳳凰傳說。不過，早在周代，即已出現，《書經・牧誓》敘述周武王討伐商紂時，曾以「牝雞無晨，牝雞司晨，惟家之索」為商紂的罪狀，意謂紂王寵信妲己，「惟婦言是用」，因此才造成天下大亂。妲己只不過一介以色笑事人的女流，能否造成如此之大的影響力，姑且不論，不過，自此以後，「牝雞」（母雞）就開始蒙受不白之冤，成爲禍水的代稱了。

《封神演義》中受命蠱惑紂王的「軒轅墳三妖」，除了九尾狐狸精、玉石琵琶精之外，尙有一九頭雉雞精「胡喜媚」，靈感應是自此而來的。從男權立場來說，「司晨」象徵著男人獨享的權利，當然不容女人涉足，因此，一旦發生「雌雞化雄」之類饒富女子奪權的怪異徵兆時，就極易與君王受婦女「蠱惑」，或外戚因裙帶關係亂政聯想起來，而稱將有「雞禍」，所謂「君用婦言則雞生妖」，如《漢書·五行志》就將漢元帝立王皇后之時，丞相史家「雌雞化爲雄，冠距鳴將（指長出雞冠，會啼叫，並率領衆雛）」的「雞禍」，與後來王莽藉裙帶關係攀升，攬亂政權之事繫聯起來。京房稱「婦人顓政國不寧，牝雞雄鳴主不榮」，「牝雞司晨」也就從此成爲詆毀女強人的專有名詞了。

即此，母雞開始不能登上大雅之堂，唐人甚至認爲「雞日中不下樹，主妻妾姦謀」，除了對婦人權力的戒懼外，更間接以「雞」暗示婦女道德的淪喪。今人稱妓女爲雞，不知起於何時，料想除妓、雞音通外，應是緣此而來的。由此引申，不循常規的性行爲，被呼爲「雞姦」，其他含有性象徵意味的語詞，也或多或少與雞有關。

原本尊貴崇高的鳳凰，於焉「墮落」，成爲今人忌諱的東西，俗謂「失勢鳳凰不如雞」，誰又知道雞正是折了翼的鳳凰？

話說「中國豬」

豬在十二生肖中敬陪末座，熟知十二生肖「競走英雄榜」的中國人，難免以此聯想描繪出豬的一貫形象：臃腫、遲鈍、懶惰、貪吃，名副其實的一個「懶惰豬」，可很少人會想到，豬雖位居末流，但能一舉擊敗天下群雄，躋身於英雄榜之中，其實也就未必眞如一般所想像的懶惰了。這倒印證了孟子所說的：「豬之懶，未如若是之甚也，是以君子惡居下流，天下之惡皆歸焉。」豬在傳統中國人的心目中，幾乎集人的「劣根性」之大成，未嘗不是緣於此。

豬的「劣根性」極多，舉凡人所不願背負的罵名，皆可自豬身上導出。事實上，豬之所以寖漸成爲一種「汙穢卑賤」的象徵，除了與豬本身的動物習性相關，如據動物學家研究指出，豬的體溫較一般動物爲高，調節中樞又不甚發達，爲了散熱以降低體溫，最喜歡在泥沼中打滾，《齊民要術》稱其「處不厭穢」，實乃因「泥穢以避暑」之故。以講求居室潔淨的人類眼光視之，未免過於「汙穢不潔」，所謂「西子蒙不潔，人皆掩鼻而過」，何況是整天在爛泥巴中打滾的豬？同時，豬是一種極易豢養的家畜，「食物至寡，甚易畜養之，甚易生息」，幾乎什麼東西都可以入口，什麼環境都可以適應，故《左傳》中稱「實有豕心，貪惏無饜」，《禽獸決疑》亦稱「豬性卑而率」，如此貪婪隨性的「低格調」生活態度，自然無法獲致自命大雅的人類認同，傳統國畫中，不能以豬入畫，正緣於其「卑率」，不能「登大雅之堂」。然而，更重要的關鍵，一是家豬與野豬的區隔，一是「偉豬」豬八戒的誕生。

從野豬到家豬

早在西元前三千年左右，中國人就已經開始將豬當成家畜豢養了。直到目前爲止，中國還是全世界擁有豬隻最多的國家。中國歷代養豬的情形，向來是「散戶」式的，大規模的飼養較少，唐代洪州有人以養豬致富，號豬爲「烏金」，可能是罕見的例子。既是散戶，飼養的方式也各異其趣，但不一定像現代一樣，全都關在豬圈裡，歷史上許多的名人，如公孫弘、梁鴻、孫綽、商丘子等，在微賤時，皆以「牧豕」維生，大概是將豬和牛一樣，放牧於野地之中。現代人養豬，非常注重豬圈的清潔衛生，與過去的骯髒隨便，形成強烈的對比，不過也偶有例外，如《雲仙雜記》曾載：「申王謂豬既供食，不宜處於穢處。乃以氍毹粥粟待之，取其毛刷淨，令巧工織壬癸席，滑而且涼。」申王倒是挺具衛生觀念和生意腦筋的，如此奉養家豬，恐怕連現代迎神賽會中服侍大豬公的殷勤，也是望塵莫及的了。

野生動物一經人類豢養，本性就逐漸轉化、消失，在形軀上也產生劇烈的變化。家豬最大的特色就是肥與懶。原來生存於大自然中的野豬，為了謀食，須與天然惡劣的災難，如其他凶猛的野獸，以及最可怕的人類相抗衡，自不得不有強健的身軀。野豬一般說來，身短腿長，結實精幹，奔走的速度極快，古人謂「豕突狼奔」，正指此而言；同時，個性強悍凶猛，《禮記》中稱「豕為剛鬣」，雖主要指豬鬃之堅硬而言，但也兼指其性格之「剛燥」，宋人周密在《癸辛雜識》中說北方野豬「獷悍難制」，並強調「其皮膚革堅厚如重甲，名帶甲野豬，雖勁弩不能入也。其牙尤堅利如戟，馬至，則以牙梢之，馬足立傷」，威風凜凜，可以想見其丰采。

野豬在中國也曾有其赫赫的功業，傳說中，在堯的時候，有「封豨」（大野豬）為害，居然要射日的后羿出馬，歷經劇烈的搏鬥，才在桑林加以擒服，野豬「豬突豨勇」的氣勢，可想而知。或許由於野豬的勇猛強悍，中國古代以英雄氣魄聞名的君王將佐，也有部分與豬的傳說有關，如雄才大略的漢武帝，在未生時，「景帝夢一赤彘從雲中直下崇芳閣」，後來王夫人就生下了武帝；宋代抗金名將岳飛，小說中稱其為大鵬金翅鳥轉世，但據洪邁《夷堅志》的說法，則是「豬精」托生，不過可能因「豬相」實在很難與愛國名將相得益彰，大鵬金翅鳥之說乃後來居上。可惜，原本擁有「雖虎豹所不及也」威風的豬，一旦生長於人類之所，養尊處優於豬圈之內，體形逐漸肥胖臃腫，性格也懶散遲鈍起來。大抵上，中國人所聞所見，以家豬居多，飽食終日，無所用心的家豬，逐漸塑造出中國人心目中的「豬相」，對於「封豨」此一豬族英雄，恐怕只得在引領爭食之餘，「緬懷豬先烈」了。

「偉豬」的誕生

自「封豨」而下，數千年來，豬族中始終未見有「轟動武林，驚動萬教」的英雄人物，僅有漢代的「遼東之豕」，以「少見多怪、見識不廣」聞名，稍稍點綴其間，直到「偉豬」豬八戒誕生，才整個改觀。

明朝嘉靖年間，吳承恩完成了舉世聞名的《西遊記》，在中國文學史上，這是一件劃時代的大事，但對豬族而言，卻是五味雜陳、禍福相倚——和「偉人」一樣，「偉豬」也一向是毀譽交參、聚訟紛紜的。「偉人」的誕生，多少總有點「顛覆」的性質，不「顛覆」，顯不出其「革故鼎新」的偉大意義，更無法使其在粥粥群倫中脫穎而出；但「顛覆」後的結果，有時候也不免教人頓失所望、進退無據。不過，一旦是屬於「偉」字輩一流的，無論是流芳百世或遺臭萬年，都足以揚名立萬，大大打開知名度。

《西遊記》中的豬八戒，據描寫，原是天界掌理天河的「天蓬元帥」，擁有「不凡」的家世，不幸卻「宿命式」的與豬結緣，成爲唐僧西行取經的成員之一。說「宿命」，是指豬八戒隨唐三藏去取經，儘管是心不甘、情不願的，一有機會，就想丟卸挑擔，散伙回高家莊尋老婆，卻因有調戲嫦娥的「原罪」，必須藉西行來「救贖」。此一「原罪」，表面上雖是「女色」，但卻深層暗示出了所有的「情欲」，而這是豬八戒托體豬族之初，就與生俱來的。人世間的情欲，從某些角度看來，是一切罪惡的根源，其萌始之初，可能極小而不易察覺，而「履霜堅冰至」，遂至於「冰凍三尺，非一日之寒」。佛家講究絕情欲，正自杜漸防微入手，西行取經，所求亦不過是此心之「清淨」而已。是以孫悟空須爲「鬥戰勝佛」，擊潰人心情欲的糾纏，方成正果，而其前提，則當有豬八戒此一「淨壇侍者」。淨壇侍者在六根未淨之前，情欲糾結，所以豬八戒在吳承恩筆下，雖號稱「八戒」，卻一戒也無法持守，貪吃、懶惰、貪圖小便宜、挑撥是非、懦弱畏事、自私、愚昧、好色，無一不犯佛家戒規，處處呈露諸般缺陷，大體上，豬族（其實人類亦然）所可能具備的「劣根性」，豬八戒是集其大成的了。透過《西遊記》的深遠影響，也根深蒂固的組構成中國人心目中的「豬」形象。

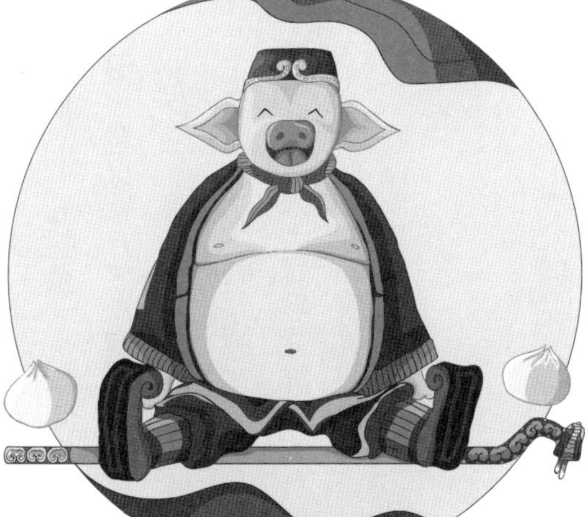

自此，「豬」成了一種文化象徵符號，中國人一提起豬，幾乎沒有不與懶、髒、肥、笨、色等字眼聯想起來的，常用來罵人的字眼，也往往與豬有緣，如「笨豬」、「蠢豬」、「肥豬」、「懶惰豬」、「豬哥涎」、「瘋豬哥」、「牽豬哥」等皆是。毫無疑問地，這些聯繫，皆以豬八戒為關鍵，以在中國流傳的許多「歇後語」為例，據非正式的統計，與豬八戒有關的，至少有三十個以上，如「豬八戒坐轎子——不識抬舉」、「豬八戒照鏡子——裡外不是人」、「豬八戒進了女兒國——看花眼了」、「豬八戒的脊梁——無能之背」、「豬八戒吃人參果——全不知啥滋味」等，皆是人人耳熟能詳的的負面評價，讀者不難窺出其中關竅。

「豬」的情結

豬八戒形象的確立，大體上還是以家豬為摹本的，因此，《西遊記》中的豬八戒，雖饒有三十六變化的法力，但最大的能耐，亦只不過「豬嘴的能耐——光會拱」而已，很遺憾地，野豬那種慓悍粗獷的奮鬥衝勁，殆已消失得無影無蹤了。我們所熟知的豬八戒，經常腆著一個「肥腸九曲」的大肚子，一邊貪婪無厭的吃著，一邊又不停的喊餓；假如拿此一形象，與東漢明器中的「十二支神——亥神」相較，同樣是豬首人身的造型，而那一囊大肚子卻是未曾出現的。

形體上的差異還算小事，最大的不同，在於對所謂「好色」的認定。《西遊記》中的豬八戒，既已「宿命式」的犯了情欲之「原罪」，因調戲嫦娥貶落紅塵，故在其西行途中，亦無往而非一「鍾情者」，無論是高家莊的小姐、試禪心的四聖、女兒國的公主、盤絲洞的女妖，都在一瞬間就「春情發露」，窮形盡相地表現出他的「豬哥」樣來。寖漸至現代，有些從事特種行業的人，還以豬八戒爲祖師爺，逢年過節馨香禱祝，願天下男人皆爲豬哥。然而，據專家研究指出，公野豬除了在交配、發情期間，對母豬感興趣之外，其他的時候，對母豬總是敬而遠之，不理不睬的。在明代以前的豬傳說中，也只有《幽怪錄》中的「烏將軍」，涉疑於好色。假如我們以至今仍能見到的「牽豬哥」習俗切入，不難看出所謂的豬族之「好色」，亦應與家豬之飼養有關。飼養家豬，在習慣上往往先「去其勢」，予以閹割，儘管古人認爲「去其勢，以絕其剛燥之氣」，但實際上是不願豬隻受發情期的影響，損及其生長速度；而被「牽」的「豬哥」，則以專業化「種豬」的姿態出現，搖身一變，成爲代表豬族的「花花公子」了。

儘管豬的形象欠佳，但是，從現實層面考量，中國人也從未忽視過豬對人類社會的貢獻。豬隻的全身上下，從豬鬃到豬蹄，都有人類擷取不盡的資源，尤其是「口腔文化型」的中國人，所謂「無竹令人俗，無肉令人瘦；若要不俗兼不瘦，天天要吃筍炒肉」，豬肉是人類營養的最大來源，是何等重要的貢獻！而且，在自古貧窮的中國，又不是每一個人都有機會像蘇東坡一樣可以天天食肉的，孟子「五十者可以衣帛食肉矣」的理想，終究只是理想。試想，哪一個中國人不希望家中天天有「面目殊乖而風味不淺」的豬肉，甚至幻想有「烏金致富」的？豬儘管臃腫碩胖、腦滿腸肥，至少比面黃肌瘦，輾轉於溝壑之中強多了。中國人向來有一點「又愛又怕受傷害」的矛盾情結，因此，在對豬嫌厭鄙斥之中，有時亦不免有點難割難捨，這點，我們從小孩子「豬撲滿」往往設計得壯碩肥大中，可略略窺見一斑。

「豬」的鬧劇——明武宗與豬

提到對「豬」的矛盾情結，勢必不能不提一位豬年出生的名人——明武宗朱厚照。明武宗一生最膾炙人口的傳說，就是電影「江山美人」所述的梅龍鎮調戲李鳳姐一事。戲中英俊瀟灑又多情的正德皇帝，似乎不怎麼能夠讓人聯想到豬；不過，在正史上，他的好色與愚笨，卻眞的與「豬」不相上下，曾經「笨」到好好的皇帝不肯做，自貶身價，封自己為「威武大將軍總兵官鎮國公朱壽」，在王陽明勦平朱宸濠之亂時，演了一齣「捉放曹」的鬧劇；更曾廣蒐民間良家婦女，設立「豹房」，以供宮廷淫色佚樂。但是，這些與豬相關的行為表現，以中國舊日的帝王來說，顯然還不能與晉惠帝的「何不食肉糜」、隋煬帝的大建迷樓相提並論，眞正使他「德過三皇，功高五帝」的，是他曾經破天荒的下過一道史無前例的「禁豬令」。

正德十四年十二月，明武宗在南巡從揚州到南京的路上，發了一道聖旨，據沈德符《萬曆野獲編》的記載，全文是：

照得養豕宰豬，固尋常通事，但爵當本命，又姓字異音同。況食之隨生瘡疾，深爲未便。爲此省諭地方，除牛羊等不禁外，即將豕牲不許餵養，及易賣宰殺。如若故違，本犯并當房家小，發極邊永遠充軍。

這段聖旨，就是所謂的「禁豬令」，令發之後，由於懲罰相當嚴厲，全民大爲驚恐，紛紛將家中現養的豬隻，連夜宰殺食淨，一些豬仔，也都投入水中淹死，當年祭孔的儀式（丁祀），也「以羊易之」，倒是相當雷厲風行的。此舉普遍影響了全國，尤其是江北地區，一時豬類盡空，據《萬安縣志》所載，當時豬隻「一時埋棄皆盡」，只有一位姓陳的家族，偷偷養在地穴之中，才爲豬傳下一絲的命脈。

明武宗之所以頒令禁豬，據聖旨中看來，「食之隨發瘡疾」這點，據《本草綱目》所說，豬肉雖「酸冷無毒」，可供食用，但是「有病者食之生風發疾」、「久食殺藥動風發疾，傷寒瘧痢痰痼痔漏諸疾，食之必再發」，也未嘗無據而發，但是，恐怕還是爲了掩飾其間的荒謬而瞎掰的，眞正的原因有兩點：一、明武宗生於弘治四年，歲次辛亥，是屬豬的，此即「爵當本命」；二、明代皇帝姓朱，朱與豬「字異音同」。因此，宰食豬隻，無異企圖鏟除明家天子，尤其是屬豬的明武宗朱厚照。斯可忍，孰不可忍？下令禁豬，蓋緣於此。很明顯地，明武宗頗有以「豬」爲圖騰的傾向，於其所從出之淵源，「物傷其類」式的加以保護。只是，禁豬的目的，原是爲了保護豬，可是卻反而使豬在一夕之間，慘罹奇禍，「一時埋棄皆盡」，恐又是明武宗始料所未及的。

大家都是「中國豬」？

明武宗的「禁豬」與宋代徽宗的「禁狗」，有異曲同工之妙。宋徽宗生於元豐五年，歲次壬戌，是屬狗的，因此在大臣范致虛的建議下，「禁天下殺狗，賞錢至二萬」。同樣是恩及豬狗，但宋徽宗此舉可能會贏得喝采，畢竟狗非主食，蓄養的目的也不見得就是爲了宰殺；然而，養豬的目的，除了宰殺食用外，別無他故。因此，明武宗此舉，不僅有斷絕人民糧食之餘，而且是非常不合情理的。因此，次年二月，內閣守輔楊廷和上疏，奏請「免禁殺豬」，持續了三個月的一場鬧劇，才告收場。

楊廷和奏疏的內容，一針見血地指出了明武宗思考路線的謬誤，以爲「至于十二支生辰，所屬物畜，乃術家推算星命之說，鄙俚不經，不可爲據」。星命肖屬之說，事涉神祕，也許未嘗無據，但卻不可以過於認眞，否則，擴而充之，明武宗生於辛亥年屬豬，固有豬命，中華民國誕生於辛亥革命之時，亦於「豬命」義不容辭，如此說來，不僅中華民國養豬協會要關門大吉，就是中國人，只怕也是名副其實、道道地地的「中國豬」了！

04　民俗風情類

「鬼」在中國

「靈異世界」是在「人間世」之外獨立存在，而又與「人」相關密切的「另一個世界」（another world）。說它與「人」相關，是指它的「不可驗證」以及只存在於某些人的信念或信仰中。大體上，中國人將這靈異世界區別兩大系統，一是神佛系，包含了源於民間宗教的「神」、道教的「仙」及佛教的「佛、菩薩」；一是鬼怪系，指民間信仰中的林林總總鬼與怪的信仰，主要有妖、怪、魔與鬼。

妖怪與魔鬼

「妖」，指的成精能變化的「精物」，除了人之外的動物及植物，在長期延續生命後，可以變化騰挪，超越時空的限制，並在有意或無意間干擾了人的活動，就成爲「妖」。在中國勢力最大的「妖」，無疑非狐狸精莫屬，從魏晉以來，處處可以見到大量的傳說；「怪」，則是指一些無生命的礦物或人爲製品，在某種情況下（通常是從人的靈性上）獲致了變化的能力而成，例如金、銀、畫面上的人以及寶劍等；「魔」是梵語「魔羅」的簡稱，原意爲障礙、擾亂或破壞，本非中國的概念，佛教傳入中國後，用以指一些破壞佛法的惡神，自此以後，便被用爲形容妨害修道者的觀念或惡神。在中國民間信仰中，魔的勢力不大，不過在日本，魔佛之間的鬥法，卻相當流傳，「孔雀王」的故事，即與此有關。鬼是中國民間信仰中最普遍的觀念，指的是人死以後的靈魂（廣義也可包含殭屍），「衆生必死，死必歸土，此之謂鬼也」（《禮記・祭義》）。就本義上說，凡人死後即是鬼，而人有善惡，鬼自然也有善惡之分，但是，傳統觀念中的鬼，卻是以惡者居多（非指鬼的善惡，而指人的怕鬼），這是很耐人尋味的。

這兩大系統之間，彼此相互參雜，重疊的部分頗多，在傳統觀念中，原屬於鬼怪系的「精物」，透過某種「修持」（未必即具道德性），往往可以跨越兩系，例如《西遊記》中著名的齊天大聖孫悟空即是。

一般而言，鬼怪系的世界與人間世的關係，呈現著較緊張的局面，簡單而言，是指鬼怪具有足夠的能力、興趣或需要，「作祟」於人。至於其能力的來源，則相當複雜，通常，「時間」是一個重要的因素，必「久而成精」，因此，傳說中的狐狸，需要五百年的修持，才能變化成人形；而鬼世界中，新鬼往往不敵舊鬼、老鬼，正是這緣故。不

傳說中的「狐女」

過，中國人似乎也甚爲強調鬼怪與自然間的關係，如所謂的「吸收日月光華」、「吞吐天地靈氣」等，相信在某種程度上是受到了道家的影響。

「鬼模鬼樣」

中國向來是是一個怕鬼的民族，一談到鬼，眼前很容易就浮現出一張面色慘淡、七孔流血，或是長舌外吐，青面獠牙的「醜相」，這似乎已經是「約定俗成」的了。從前有人論畫時，說「畫狗馬易，畫鬼魅難」，原因是狗馬可以依物象形，據實而繪，鬼魅則很難憑空捕捉他們的尊容。這未必沒有道理，畢竟世間眞的能夠「有幸」「見鬼」的人不多，誰也沒敢說鬼究竟長成什麼樣子。畫家們別出心裁所繪的「鬼趣圖」個個不同，畫「五鬼」的，每隻鬼都瘦骨嶙峋，在鍾馗的巨大形象下，顯得既弱小又可憐；「地獄圖」中的諸鬼，如無常、鬼卒、牛頭馬面，則一副猙獰面孔，嚴肅而冷酷；蕭雲從畫《九歌》中的「山鬼」，更爲有趣，騎雲豹，帶女蘿，婉孌嬌媚，美得讓人想一親芳澤。但是，誰也不敢肯定地說，這就是

地獄中的「牛頭」

「鬼相」。比諸狗馬可以據現實來判斷，的確是難多了。

但是，從另一個角度來說，畫鬼魅也是最容易的，反正誰也沒有見過鬼，只要我說是鬼，別人也無法否定，大可以自由心證一番。只是，鬼在人的心目中既已約定俗成，要畫一隻鬼而叫人認同，也必須有一些共通的特徵。這特徵就是一個字——「醜」。

「醜」這個字很有意思，據《說文》的解釋，醜，「可惡也，从鬼，酉聲」，何以「從鬼」就「可惡」呢？段玉裁說：「非眞鬼也，以可惡故从鬼。」換句話說，因爲鬼是可惡的，所以醜字要从鬼。這就引發了一個相當有興味的問題：鬼是不是眞的那麼令人嫌惡呢？

鬼「有知」還是「無知」？

通常我們認爲某個事物「可惡」時，大多數是因爲這個事物會對我們的身體、心理、觀念等產生危害或不愉快的感覺，例如一個人「可惡」，必然指此人行爲之足以對其他人造成不利的影響，簡單的說，「可惡」的事物，是可能禍及他人的。那麼，「鬼」是否有能力爲禍世人——作祟？

從一般對「鬼」的認識層面上說，答案似乎是肯定的，小說、電影中的冤魂、厲鬼，鮮少不挾持種種不可思議的神秘力量爲禍人世的，即使有些「鬼」，可能會被描述成情深義重，比「人」還可愛，例如《聊齋》中深情款款的嬌婉女鬼，但是也被認爲是種危害，因而遭到悲涼的下場（最幸運的是只被迫與人間世隔離）。這足夠證明「鬼」在一般人心目中的破壞力量了。這也是一般人怕「鬼」的根本原因。爲了防衛自己，也相應產生各種驅魔除鬼的「法寶」，桃木劍、符咒、黑狗血、大蒜、糯米、佛像、聖經、十字架……等等，都是我們所熟知的。不過，「鬼」是否眞的具有害人的能耐，還是值得懷疑的。

鬼是「有知」（和人一樣有知覺、有意志）的，這是相信「鬼」存在的人基本的假設，因爲「有知」，所以「鬼」知道他們在做什麼或想做什麼。無論是企圖破壞陽間秩序的魔鬼、尋找替身的冤鬼、挾嫌報復的厲鬼、報恩行善的靈鬼，其行事舉止固然不同，但都具有一定的目的，這是毫無疑問的。

「鬼有知」的假設，建立在「靈魂不死」的理論上。一般認爲，「鬼」是「人」死後的「靈魂」或「精神」所化。「人」之所以「有知」，是因爲「精神」在肉體上發生作用，而「精神不死」，形軀雖然消滅，還是「有知」的；因此能夠知恩圖報或雪恨復仇，延續著「人」在世時的一切思想。由於「靈魂」（精神）只是一種氣狀的「存在」，因此可以隨時變化，突破空間，甚至時間的限制，由此順推，「鬼」自然可以具備一些不可思議的「神通」了。這個理論，憑心而論，要推翻或駁斥它，是頗困難的。因爲，「靈魂」一事，有些人以精密的儀器測試過，似乎已證明是正確的了；偏偏祂又是不占有空間位置的，無法證明祂究竟在那裡，因此無法硬說祂是「無知」的。相反地，許多繪神繪影的傳聞，卻證明了祂的「有知」。於是，「鬼」幾乎變成了人類的「集體潛意識」，無論是何時何地的人，幾乎是個個「心中有鬼」。

「心中有鬼」與「活見鬼」

漢朝的王充，於此卻深不以爲然，他曾舉出一個有趣的推論：

夫爲鬼者，人謂死人之精神，如審鬼者死人之精神，則人見之，宜徒見裸袒之形，無爲見衣帶被服也。何則？衣服無精神，人死，與形體俱朽，何以得貫穿之乎？（《論衡・論死》）

這種質疑很有學問，的確，世間「見鬼」者固多，但幾曾有人見過赤身露體、有傷風化的「不識鬼」（閩南話的「色鬼」，此處指「裸鬼」）？衣服是無機物，不可能有「精神」，依理而論，「鬼」也不可能穿衣服，那爲什麼「見鬼」者所看到的「鬼」，都穿著生前所穿衣服？當然，從「鬼」的「神通」上解說，未必不能說「鬼」有能力使祂的氣狀存在幻化成生前的著衣形態。但是，王充的另一觀點，卻頗直得參考。在他認爲，「鬼」其實是不存在的，人之所以「活見鬼」，純粹是心理作用：

凡天地之間有鬼，非人死精神爲之也，皆人思念存想之所致也。致之何由？由於疾病。人病則憂懼，憂懼見鬼出，凡人不病，則不畏懼，故得病寢衽，畏懼鬼至。畏懼則存想，存想則目虛見。（《論衡・訂鬼》）

此說很有道理，因爲它相當符合現代人類學家對「鬼神信仰」起源的解釋：恐懼是「鬼」的根源；而且，從心理分析的研究上說，「見鬼」者的共通特質，即是精神衰弱，故一般常人見不到的事物，精神病患者可以見到。王充所謂的「病」，雖不一定指精神衰弱，但重病者精神控制必然稍差，也是可以肯定的。在此時，集體潛意識的力量，超逸了意識的控制，「鬼」自然就無所不在了。

依王充之論，則世間可以說是「無鬼」的了。對言之鑿鑿，倡言「有鬼」的人，此說恐怕還是不能讓他們信服。不過，卻也提供了一些角度，足以使我們對現代電影、小說中所出現的「鬼」，有更深一層的了解。

「土鬼」、「洋鬼」大鬥法

電影、小說中的「鬼」，大致上可以分爲兩種類型：一是中國式的「鬼」，如冤魂、厲鬼等；一是「洋鬼」，如吸血殭屍、惡魔等。這些「鬼」的造型，多半脫離不了一個「醜」字，即使有些嬌媚可人的女鬼，但翻起臉來，「尊容」一樣可以使人食不下嚥，這和人類「集體潛意識」中的「鬼」並無二致。所不同的是「洋鬼」是基督教信仰下的產物，祂所代表的是一股與正義上帝敵對的邪惡勢力，唯一目的，就是在破壞人間的公理和秩序，屬於「魔」（撒旦）型；相對地，中國式的「鬼」，就可愛多了，有血肉、有感情，像「倩女幽魂」中的聶小倩，就未必完全是世界秩序的破壞者。當然，中國的

「惡鬼」也不少，可是，從中正可以看到現代的「鬼」和人類「心理」間的密切聯繫。

中國的「鬼電影」中，經常有中國鬼和外國鬼一起出現的場面，這當然是西方宗教「入侵」現況的一種反映。看「鬼電影」的人，也許會想到這麼個有趣的問題：整治「洋鬼子」，符咒、黑狗血、木劍是否有效？相同地，對不信上帝的中國鬼來說，十字架、聖經、聖水是否起得了作用？很顯然地，假如這些剋制鬼的事物，對任何類型的「鬼」都有效，就無法使觀衆獲得新鮮且刺激的感受，整個情節也無法凸顯現代鬼電影中注重的詼諧性。

喜愛詼諧，是現代中國人相當重要的特徵，故鬼電影常常以此取悅觀衆，例如已故的演員林正英，一系列的「暫時停止呼吸」電影，將西方的吸血殭屍用中國式手法變造，頗獲觀衆喜愛。何以洋鬼、中國鬼判若鴻溝的二分法，會使觀衆認爲有趣？這完全是由於現代人的心理中，所謂宗教，已經沒有多大的約束力了。鬼神信仰的嚴肅宗教意義，日趨淡薄，現代人雖不一定認爲鬼是子虛烏有之事，但是，眞的「怕鬼」的人，已逐漸減少，應該是不爭的事實。因此，三十年前大家樂流行之時，墳間、屍場，總有些不怕鬼的財迷，露宿其間，懇求「好兄弟」賜予「明牌」，「鬼」變得與「人」更親近了，親近得我們可以利用鬼來發財！俗傳有「養小鬼」、「五鬼搬運法」之類的法術，鬼如果有知，眞不知何以願受擺佈！

夜半不怕鬼敲門

俗話說「心中有鬼」，這個「鬼」字，指的是鬼的陰損狡詐、變化莫測，大體符合「中國鬼觀」，所以講究的是「白天不做虧心事，夜半敲門心不驚」，道德的自制力，向來是中國人趨吉避凶的不二法門，所以正氣凜然的人，陽氣旺盛，鬼也不敢自找麻煩；「活見鬼」者，則必然心懷叵測，陰氣強旺，故予鬼可趁之機。因此，古人見鬼而愁，憂心忡忡，唯恐無以寧日，而現代人呢？如果「有幸」聽見「鬼敲月下門」，雀躍而起，開門揖鬼，與鬼爲徒的大概會占大多數吧？當是名副其實的「鬼見愁」了。

中國古典小說中的「婚姻中介者」——媒婆

在傳統社會的「三姑六婆」（三姑指尼姑、道姑、卦姑；六婆指牙婆、媒婆、師婆、虔婆、藥婆、穩婆）中，無疑地，媒婆是最引人矚目的，這不僅是因爲「三姑六婆」在角色上往往可以互換，而其職責大抵皆以作媒說合爲主；更是因爲在古代男女社交受到重重限制的情況下，「媒妁之言」往往就是能成親與否的關鍵，在整個社會機制中，具有調節的作用，成爲媾合曠男怨女的一大媒介，不容忽視。

媒婆此一行業的起源甚早，可能在商、周以前就開始了，當時稱作「高禖」，專門負責婚姻和嗣胤之事。不過，此職務並非由「人」，而是由「神」擔任的，古代人於「社」中祭祀高禖，不僅祈求婚姻歸宿，更禱請子孫綿長。俗話說「作媒不包生兒子」，其實，能否生兒子才是媒婆的重責大任，早在商、周以前，媒婆就已經是「任重而道遠」了。

大概是周代以後，「禖」開始轉由「人」來擔任，而且似乎也規定了她的性別（媒字從女旁可知）。中國人的婚姻必須架構在「媒妁之言」的基礎上，也是自周代開始的。《詩經》中曾云：「取妻如之何？匪媒不克。」《孟子》中亦云：「不待父母之命，媒妁之言，鑽穴隙相窺，逾牆相從，則父母國人皆賤之。」男女婚姻之所以嚴格規定必須透過媒妁的安排，一方面，固然是古代男女社交的重重限制所致，如《禮記》中所規定的男女「不同席」、「不共食」、「不共井」、「不通乞假」、「非喪非祭，不相授器」等，在日常生活中已作出嚴格的規範，適婚男女在此男女大防下，連見面都不太容易，婚姻之事，當然就只得「男女無媒不交，無幣不相見」了。在此情況下，媒婆是唯一溝通的橋梁，其重要性可想而知；另一方面，媒婆起初是具有官吏身分的，可以說是一個婚姻的「權威中介者」，如《周禮》設有「媒氏」之官，專門負責在仲春之月，會集男女，自由選擇伴侶之事。其權限頗大，可以「無故不用令者罰之」，這對執政者推行必要的人口政策，是一大助益，如《國語》記載，越王勾踐爲了雪恥復仇，生聚教訓，令男子二十、女子十七前，必須嫁娶，否則「罪其父母」，在此，官媒就具有監督和執行的職責了。因此，媒婆除了是婚姻中介者外，實際上也代表了法律的權威，故自唐代以後，律法明文規定「爲婚之法，必有行媒」。中國古代是禮、法相融，難以區別的，合法也者，無疑代表了某種道德認可的意味，故媒婆也成爲一種婚姻道德的象徵。換句話說，媒婆的職能，除了中介之外，是律法，也是道德所認可的。

既然如此，媒婆理應博得古代知識分子的充分肯定才對。不過，在一般人的觀念中，她們的聲譽並不太好，「三姑六婆」本來多少就有鄙夷的意味，元人陶宗儀將她們與「三刑六害」相提並論，並宣稱「人家有一于此，而不致姦盜者，幾希矣！若能謹而遠之，如避蛇蠍，庶乎淨宅之法」；而媒婆又通常與「牽頭」、「馬泊六」等暗示法外偷情的字眼關聯爲一，更顯得一無是處，此所以我們在戲臺、影劇上，都將她刻畫成一副討人嫌惡的模樣的原因。動作誇張、能言善辯、容貌嬌嬈，略帶三八氣質、多少有點貪財，以及臉上一顆美人痣，大概就是媒婆的註冊商標了。何以如此呢？我們不妨從明、清小說的媒婆造型中，略探一個端倪。

在明、清小說中最負盛名的媒婆，大概是非那個爲西門慶和潘金蓮撮合，定下十件「挨光計」的王婆莫屬了。書上說她是「積年通殷勤，做媒婆，做賣婆，做牙婆，又會收小的，也會抱腰，又善放刁」的「不守本分」的婦人，並形容她的「本事」：

傳統婚俗中的新娘上花轎

開言欺陸賈，出口勝隨何。只憑說六國唇鎗，全仗話三齊舌劍。隻鸞孤鳳，霎時間交仗成雙；寡婦鰥男，一席話搬唆擺對。解使三里門內女，遮麼九皈殿中仙。玉皇殿上，侍香金童，把臂拖來；王母宮中，傳言玉女，攔腰抱住。略施奸計，使阿羅漢抱住比丘尼；纔用機關，交李天王摟定鬼子母。甜言說誘，男如封涉也生心；軟語調和，女似麻姑須亂性。藏頭露尾，攛掇淑女害相思；送暖偷寒，調弄嫦娥偷漢子。這婆子，端的慣調風月巧排，常在公門操鬥毆。

（**《金瓶梅詞話》第二回，〈西門慶簾下遇金蓮，王婆子貪賄說風情〉**）

在這裡，王婆被設計成一個「淫媒」的造型，仗著積老成精的人事經驗與舌燦蓮花的本領，調唆西門慶與潘金蓮勾搭成姦，是非常具有典型意味的。這段形容，本脫胎於《水滸傳》，換句話說，大抵從元末以來，媒婆就被賦予了相當刻板的形象，注定了成爲不受歡迎的反面人物。我們在古典小說中所看到的媒婆，很少能超越此一既定格局的。

媒婆本是牽合正式婚姻的靈魂人物，私情密約，原應與她無關，何以會與「淫媒」繫聯在一起？首先，這是由於媒人肩負著溝通兩家婚姻的重責大任，許慎《說文解字》解釋「媒妁」二字，謂「媒，謀也，謀合二姓者也。」、「妁，酌也，斟酌二姓者也。」做媒需要講究如何籌謀、如何斟酌，詳盡的斟酌雙方條件、籌劃婚禮事宜，使男婚女嫁皆無遺憾，是媒人最重要的工作，如果雙方條件相當，順水推舟，自然無需多費功夫，就不難水到渠成；但是，如果雙方條件有諸如門第、財勢之類的差距，如何溝通雙方意見，順利締結鴛盟，有時候就端賴媒人一番能言善道的本事了。有時候，一些左欺右瞞，兩邊討好的技倆，就不免施展出來，惹人嫌惡。然而，媒人偏偏又是律法、道德所規定的「婚姻中介者」，於是，夾雜在兩難之間的當事人，對媒人的感受就分外複雜了。《戰國策・燕策》中記載了一段對話，頗能說明這點：

燕王謂蘇代曰：「寡人甚不喜訑者言也。」蘇代對曰：「周地賤媒，爲其兩譽也。之男家曰女美，之女家曰男富。然而周之俗，不自爲取妻，且夫處女無媒，老而不嫁，舍媒而自衒，弊而不售。順而無敗，售而不弊者，唯媒而已矣。且事非權不立，非勢不成。夫使人坐受事成者，唯訑者耳。」

「訑」，是欺騙的意思，燕王本是針對戰國的縱橫游士而發，覺得他們遊說的技倆見風轉舵，純粹是「見人說人話，逢鬼道鬼語」。蘇代以媒人爲自喻，明白表示出儘管縱橫家立言不誠，但是，國君如欲成就大事，卻唯有靠遊士的籌劃。換句話說，媒人的確是會謊言欺騙的，可是，婚姻之事，沒有行媒，卻不可能完成。這就好像是魚與熊掌一樣，只能二擇其一。所謂「形勢比人強」，在婚姻大事中，類似燕王般不喜媒人的一定所在皆有，卻不得不被迫接受，「周地賤媒，爲其兩譽也」，正說明了此一現象。這點在儒家思想興盛發展後，可能會更形嚴重，因爲能言善道，在傳統儒家「巧言、令色，鮮矣仁」的觀念中，是等而下之的，媒人巧言亂道的欺瞞哄騙手段，十足一副「小人」模樣，自然難以獲得認可。古典小說中形容「媒人口，無量斗」，就針對這點加以諷刺，如《古今小說．李秀卿義結黃貞女》中就說：

天下只有三般口嘴，極是利害：秀才口，罵遍四方；和尚口，喫遍四方；媒婆口，傳遍四方。且說媒婆口怎地傳遍四方，那做媒的有幾句口號：東家走，西家走，兩腳奔波氣長吼。牽三帶四有商量，走進人家不怕狗。前街某，後街某，家家户户皆朋友。相逢先把笑顏開，慣報新聞不待叩。說也有，話也有，指長話短舒開手。一家有事百家知，何曾留下隔宿口。要騙茶，要喫酒，臉皮三寸三分厚。若還羨他說作高，拌乾涎沫七八斗。

《初刻拍案驚奇．姚滴珠避羞惹羞，鄭月娥將錯就錯》，也道：

看來世間聽不得的，最是媒人的口，他要是說了窮，石崇也無立錐之地；他要說了富，范丹也有萬頃之財。正是：富貴隨口定，美醜趁心生。再無一句實話的。

媒人信口雌黃，美醜趁心，當然不免造成「巧婦常伴拙夫眠」或「亂點鴛鴦譜」式的婚姻問題，而在舊式婚姻禮俗中，男女雙方（包括家長）通常是直到結婚當天才見得著面，此時儘管穿幫，卻也已是生米煮成熟飯，後悔無及了。《儒林外史》中記載了鮑廷璽與王太太的婚姻，就是一例。媒婆沈大腳貪圖鮑家「重重的媒錢」，謊言欺騙原來擇婿須「又要是個官，又要有錢，又要人物齊整，上無公婆，下無小叔、姑子」條件的富孀王太太，非但隱瞞了鮑廷璽戲班出身的實情，更「說他是個舉人，不日就要做官；家裡又開著字號店，廣有田地」，將鮑廷璽誇贊得人間少有，文武雙全，還信誓旦旦的說「我從來是一點水一個泡的人，比不得媒人嘴。若扯了一字謊，明日太太訪出來，我自己把這兩個臉巴子送來給太太掌嘴」，彷彿貨眞價實一般，教人不得不信。誰知拜堂之時，王太太一見上有公婆，就知大事不妙，先「惹了一肚子氣」，其後得知一切都是謊言，更「急怒攻心」，變成了失心瘋。但是，錯誤的婚姻已經締結了，一切的後果都必須承擔下來，最後為了醫病，鮑廷璽耗盡家財，一家子只能牛衣對泣。至於媒婆沈大腳，只不過被王太太抹了一臉的屎和尿而已，極可能還繼續用她的三寸不爛之舌，製造婚姻悲劇。類似的故事，在古典小說中經常出現，自然代表了一般人對媒婆的觀感。

其次，媒婆之所以遭人嫌厭，與她們經常出入閨閫門禁，成為蜚短流長的「帶原者」，以及法外偷情的的「牽線者」有關。傳統中將婦女定位在三從四德、賢妻良母的框架中，講究的是謹守閨門、深居簡出，而媒婆首先就顯然違背了這種規範，自屬「不正經」一類的人物了。再者，媒婆是女性，可以直接穿堂入戶，與千金閨女打交道，不應外傳的「中冓之言」流出，尚是小事；有時候，媒人誘引思春婦女，傳簡遞帖，作起「內應」，更教人防不勝防。此所以陶宗儀會強調「人家有一于此，而不至姦盜者幾希矣」、朱柏廬說她是「淫盜之媒」的緣故。

媒婆在明、清小說中，往往被稱爲「牽頭」或「馬泊六」，所謂「牽頭」，類似臺語的「牽豬哥」；「馬泊六」又作「馬八六」，可能是「忘八黃六」（忘八即王八；黃六指黃巢，他賦性多詐，排行第六）的簡稱，都是指勾搭男女成姦的惡稱。《水滸傳》、《金瓶梅》中的王婆，就同時被鄆哥罵成「牽頭」、「馬泊六」，在小說中比較重要的媒婆，幾乎都扮演著這個角色。古時對婦女門禁森嚴，等閒難得放出大門一步，原以爲就可以避免姦盜之事，而媒婆穿房入室，專一扮演蜂媒蝶使，怎不教衛道之士深痛惡絕？

傳統媒婆的形象

當然，如果是專業的媒婆，家無喜事，尙不致「引狼入室」，猶可以防範；但在明、清時期，除了有少部分的「官媒」，算是法定的職業團體外，並無特定的社會階層與背景，換句話說，任何人都可以扮演此一角色。由家主聘用親友、長官，主持媒儀，當「落花媒人」（現成媒人）的，固然無須操心，但是，更多的媒婆卻是龍蛇混雜的兼差者，除了正式婚姻少不了她們軋上一腳外，也兼充「偷情掮客」的角色。這群人中，「三姑六婆」最爲活躍，甚至可以一人兼充數職，如王婆就同時是賣婆、牙婆、穩婆、媒婆，大抵上這些角色都是可以互換的；至於「三姑」，尼姑充當媒婆的最多，如《初拍・酒下酒趙尼媼迷花，機中機賈秀才報怨》中，趙尼姑就是為卜良作「牽頭」，並設計姦淫了巫娘子的；《禪真逸史》中，牽合黎賽玉和鍾守淨一段孽緣的趙尼婆，也以「做媒做保」當副業，甚至誇口：

> 我趙婆不是誇口，憑你說風情，作說客，結姻親，做買賣，踢天弄地，架虛造謊，天下疑難的事經我手，不怕他不成。

書中趙尼婆的本事，與《水滸傳》中的王婆，在機謀上是足堪相提並論的。莫怪作者方汝浩會諄諄告誡：

> 詼諧利口若懸河，術密機深見識多。話計擺成花粉陣，芳名播滿麗春窩。甜言蜜語如鋪錦，送暖偷寒似擲梭。古戒諄諄人莫悟，至今猶說重尼婆。

「三姑六婆」在小說中的造型，其特色一如過街老鼠，幾乎是人人喊打的，這很容易讓人引發一個錯覺，以為如果沒有這些「三姑六婆」從中作祟，一切姦拐偷盜之事就不會發生。殊不知，「三姑六婆」正是在當時那種禮教森嚴的情境下產生的。當時婦女既然等閒不能出門，是則一應生活所需，自不得不自外而入，尤其是婦女用品，很難假手男人，故僅能靠牙婆、媒婆等，不定期供應胭脂花粉、珠寶項鍊等裝飾物，而也唯因她們是女性，所以才不會引起懷疑。出入習以爲常，廝混熟了，一旦婦女春思蠢動，牙婆們爲了招攬生意所訓練出的口才，往往就派上用場，《古今小說‧蔣興哥重會珍珠衫》中，描寫薛婆爲陳商和王三巧兒牽線，就充分利用了賣珍珠的藉口，所謂「女眷們怕冷靜時，十箇九箇到要扳他來往」，這的確是實情。

此外，當時佛道盛行，三姑之流，往往藉著化緣、誦經、印經、塑像的機緣，向大宅女眷要求布施，婦女被禁錮深院，極易接受宗教的洗禮，故此與她們接觸、相交的機會也很多，而一般寺廟觀庵之類的宗教場所，也成爲婦女唯一可以合法出入的場地。因此，三姑與寺廟觀庵就與婦女結下不解之緣，其間如有曖昧情事，也是很自然的事，如《古今小說‧閒雲庵阮三償孽債》，就是在這種情況下，由王尼姑客串「偷情掮客」，搭合了阮三與陳玉蘭的一段情孽，並引發了後續的故事。因此，從因果關係上來說，是先有婦女的人身不自由，才有三姑六婆的趁虛而入，似未可完全歸咎她們。

就以此角度來說，媒婆所扮演的蜂蝶媒使，對當時被強行禁錮的男女正常交往，事實上也未必完全是負面作用的，《初拍‧通閨闥堅心燈火，鬧囹圄捷報旗鈴》這齣愛情喜劇，就是在精明能幹的媒婆楊老媽協助下，羅惜惜和張幼謙才得以有情人終成眷屬。換句話說，媒婆在此成功的扮演了「紅娘」的角色，也許，在禁令森嚴的時代中，媒婆就等如是一隙透過鐵門線的春光，對有情男女而言，多少是有些意義的吧？其實，就是以媒婆最令人嫌惡的那張利嘴來說，也不是沒有正面作用的，《古今小說‧李秀卿義結黃貞女》這段故事中，黃善聰女扮男裝與李秀卿同出販香，因而締結情緣，但黃女深恐旁人說閒話，執意不願嫁給李秀卿，道是「嫌疑之際，不可不謹，今日若與配合，無私有私，把七年貞節，一旦付之東流，豈不惹人嘲笑？」多虧得媒人四處張揚：

那黃善聰女扮男粧，千古奇事，又且恁地貞節，世世罕有，這些媒嫗，走一遍，說一遍，一傳十，十傳百，霎時間滿京城通知道了。引得守備太監李公注意，打探情實後，出面玉成了此事。

今人經常將「三姑六婆」說成是那種專門「東家長，西家短」，說人是非的人，評價甚低，這當然是有傳統因緣的，不過，事實是否眞是如此，恐怕亦未必見得。只是，連最通俗的小說中，都作了如是的描寫（當然，這是文人以士大夫立場所寫的），媒婆，此一傳統婚姻的「中介者」，也就只得接受此一「文化迫力」，繼續以負面的角色出現了。

年年有「魚」

中國過年的習俗中，經常有剪貼「雙魚圖」的傳統；至於除夕團圓宴上，準備一條只能看不能吃的大魚，以討「年年有餘」吉采的歲俗，則更是人盡皆知的了。其實，選擇「魚」作爲吉祥象徵的傳統，並不僅限於過年，而且，「魚」的象徵意義，也並非單純地「魚」與「餘」音同義通如此簡單。中國自古以來，即有相當源遠流長的「魚文化」傳統，此一傳統甚至比「龍鳳」圖騰更爲長遠，同時也相當能夠體現出中國人的思想觀念。

「魚」首度在中國文化史，是以物質性的姿態出現的。中國河流綿延、澤藪遍布，據古籍所述，又曾發生過數次大洪水，無疑爲中國人與魚類的接觸，提供了絕佳的機緣。在農業社會之前，中國曾經歷了很長一段的漁獵社會，《易經．繫辭傳》中曾說伏羲氏教人「以佃以漁」，正說明了這個階段。在這個時期，魚類是維持生命文化延續的最基本物資。

從食用開始，「魚」的出現，就具有了甚深的文化意義。首先是「火」的發現和利用，中國飲食文化大抵亦自此肇端。其次則是各種鉤釣、網罟、舟船等捕魚工具的發明，也爲中國的工藝文化開啓了先河。而更具內省意義的，則是「魚」也開始在中國人的思想觀念中，占有不可低估的影響力。

大約就在魚類成爲生活必需品的同時，「魚圖騰」的信仰，便在我國老祖宗的心裡植根了。依照圖騰學的解釋，人類往往爲了祈求豐穰的收穫，而不自覺地將日常生活中最重要的物質，視爲種族的來源，企圖藉「認祖歸宗」的手段，獲得「圖騰物」的庇佑，以維持生活的安定。這一種「向自然認同」的意識，說明了人與自然的相互諧和，最終將導致宗教信仰的產生。在我國新石器時代，這種圖騰信仰已經產生了，仰韶文化期中出現的許多「魚紋」彩繪，正足以作爲說明。其中在半坡、姜寨、南鄭等地遺址發現的「人面魚紋」圖樣，顯示得就更爲明確。

這些圖紋以人和魚結合的方式構成，無異是在表明二者「異類同體」的關係，雖然由於文獻上的欠缺，我們並不容易爲「魚圖騰」尋得類似龍、鳳圖騰曾經存在的證明，不過，古籍記載的若干線索，卻提供了我們進一步省思的空間。

圖騰信仰既然屬於一種「認祖歸宗」的心理反應，則其與人類後嗣的繁衍，自然無法脫離關係。「魚」在中國，最早凸顯的就是生殖、繁衍的象徵。據生物學家指出，一條魚產卵數量可高達數百萬顆，單是數量的鼓舞，就已足以使魚在中國人的心中烙下深刻印象了。這點，我們可以從彩陶文化出現的大量「連體式」魚紋中，窺出信息。這些駢游、連體、比目、交尾式的圖紋，無疑具有合歡、生殖的象徵意味。自漢代以來，許多器物上的「雙魚圖」，往往鐫有「君宜子孫」、「長宜子孫」的字樣；現代浙東婚俗，新婦出轎門時，照例要以銅錢撒地，謂之「鯉魚撒子」，正反映了此一觀念。此一信仰持續甚久，至今傳統婚俗尚流行懸掛的「雙魚圖」，也具有兩層意義：一即子孫綿長，一即祝禱夫妻和樂，「如魚與水」。

除了禮俗和器物足資證明之外，實際上，在許多文學作品中，魚早就大量被運用在男女交歡的生殖象徵中了。數十年前，聞一多就以〈說魚〉一文，作了相當精闢的論證。聞一多將「魚」視爲一種「隱語」，指出魚和婚姻、性欲的關聯，具有很大的說服力。如《詩經・齊風・敝笱》中，就以「敝笱在梁，其魚魴鰥（魴鱮、魴鯉）」，與女子出嫁結合而言（齊子歸止，其從如雲）。再如民歌中的「江南可採蓮，蓮葉何田田，魚戲蓮葉東，魚戲蓮葉西，魚戲蓮葉南，魚戲蓮葉北」，也同與男女之情有關。「魚」之與男女情欲有關，民間歌詩中疊見不窮，自不需一一徵引，就是我們至今仍經常使用的「魚雁往返」、「魚書雁信」，也只有用在男女之情上才適合，因爲歷來如「客從遠方來，遺我雙鯉魚」、「尺素如殘雪，結爲雙鯉魚」等書信往返之事，皆與「下言長相憶」的相思情有關。至於

魚戲蓮葉間圖

何以要將信函刻成魚形，也是可以思過半的了。

除了生殖繁衍的象徵之外，「魚」在中國文化裡，尙有吉祥的意味，此所以過年習俗中，往往出現魚圖的緣故。在中國人的心目中，向來有所謂的「三大樂」——久旱甘雨、洞房花燭、金榜題名。此三樂共同築構了中國人世俗的夢想，其實，皆與魚有密切關係。洞房花燭自有子孫繁衍的喜悅，與魚關係甚密；至於久旱甘雨，祈求的是富裕的生活；金榜題名，幻想著世間的權勢。富貴、功名，這兩種中國人心目中最「吉祥」的事，正與「魚」有不解之緣。

「魚」與富貴的聯結，在「年年有餘」一語中，表現得甚是清楚，在此，魚的繁衍衆多以及諧音，架構出一組富饒有餘的富裕象徵；而支持此一象徵的，則是多得難以計數的「魚與寶貝」的傳說。「魚與寶貝」的傳說，幾乎都具有共通的情節模式，此一模式大抵以：「放生——報恩——得寶」的結構進行。例如《三秦記》所計載的漢武帝釣得大魚，「取鉤放之」，隔日，於池濱即獲得大魚報恩所獻的「明珠一雙」；《宣室志》中，劉成放舟中群魚於江中，「用衣資酬其直」，意外地於江草中獲錢「緡十五千」；《天中記》中的葉限，則因曾養有一尾「二寸餘，赭鬐金目」的魚，其後魚爲後母所殺，葉限傷心地「哭於野」，有一神人告訴她：取魚骨藏於室，有所需求則向魚骨祈禱，「金璣衣食隨欲而具」。其後，並因寶物中的金履鞋，而成爲陀汗王的「上婦」，富貴功名兼而有之。

至於「魚」與功名地位的關係，在史籍中記載的也不少。起初，魚是以「天啓」或「神諭」的象徵出現的，暗示見者已被上天內定爲某種重要職位的繼承人。這種記載，幾乎遍見於古代的神王歷史中，如《竹書紀年》和《通鑑前編》中即記載，黃帝於洛水之上曾獲得河圖、洛書，此即所謂「河出圖，洛出書，聖人則之」儒家式傳說之淵源。其中，洛書出於龜背，河圖則由魚（龍）呈獻。此外，《論衡・紀妖》中亦記載：姜太公釣魚渭濱，獲大魚，魚腹有「呂尚封齊」的圖紋；而周武王伐紂，於孟津有白魚入舟，魚喉下也有「以予發」的紋樣。在這裡，魚都具有功名的象徵。有趣的是，在黃帝的傳說中出現了魚和龍的分歧，似乎在有意無意間，爲魚和龍所象徵的地位，作了層次的劃分。自漢代以下，魚與帝王的聯繫逐漸爲龍所取代，與此似不無關係。據記載，池中養魚，其數不能超過三百六十尾，否則，將有「蛟龍爲之長，將魚飛去」。換句話說，魚從屬於龍，假如龍是君主，則魚顯然就是名臣了。後世有「鯉魚躍龍門」的點額傳說，被大量運用至進士登科上，就是由此逐漸發展而成的。

「魚」與功名的關係，在唐朝最爲顯著，無論在朝禮國律、婚喪習俗、金銀飾物、建築構造上，處處可見到魚的蹤

鯉魚躍龍門

跡，其中最具代表意義的是象徵地位的「魚符」。據《新唐書・車服志》記載：「隨身魚符者，以明貴賤，應召命，左二右一，左者進內，右者隨身。」魚符大抵是虎符演變而成的，除了具有辨識身分的功能外，尚以玉、金、銀三等表明了等級階層。魚符一般放在魚袋當中，在唐朝時，君主常以「紫金魚袋」作爲賞賜臣下的禮物，獲賞者皆視爲莫大的榮寵，因此經常在表明職銜時，刻意加上「賜紫金魚袋」的字樣。擁有魚符者，自然非朝廷命官不可，因此，魚在唐朝以後，與功名就緊緊繫合爲一，成爲世俗者夢寐中的理想了。

功名富貴一如孿生子，往往是無法分開的，在許多傳說中，經常連帶出現；再加上子孫繁衍也是中國人最重視的大事，因此相關魚的傳說中，多半同時擁有這三種成素。有一則藏族的民間故事，很能代表中國人的一般觀念，主要情節如下：

一位牧羊人，在江邊捕獲一條金魚，帶回家中飼養。第二天，牧羊人回家，很詫異的發現，原來破舊的草棚、羊圈，居然變成了勝似宮殿的瓊樓玉宇。第三天，牧羊人故意提前回家，窺見一位美女從魚缸中蛻皮而出，爲他燒飯作食。牧羊人趕緊燒掉魚皮，遂娶了美女爲妻。此事後來被壞心的國王發覺，遂向牧羊人提出難題：在三天內修築高大的城牆、在曠野中種植萬株的樹苗、招引各種禽鳥，以及比賽拾青稞、賽馬等等，企圖霸占牧羊人的妻子及家產。牧羊人在美女協助之下，借到江神的各種寶箱，一一解決了難題；並且由神人殺死了國王，助他登上了王位。

這種情節，在民間故事中經常出現，其中非但具備了功名、富貴的懷想，事實上也圓足了婚姻、子嗣的理想，一舉數得，而又多數與魚有關（有時候則以其他水族替代，如臺灣民間的螺女傳說），可見魚在中國文化中，擁有多豐富的象徵意味了。

這些與魚有關的世俗人的夢想，自然與「餘」的諧音相輔相成。「餘」爲「多」義，無論功名、富貴、婚嗣，在中國人觀念裡，亦是多多而益善的。《詩經・小雅・無羊》云：「牧人乃夢，衆維魚矣，大人占之，衆維魚矣，實維豐年。」「豐年」的意義，顯然並不止於穀物收成或畜產成群，自今視之，恐怕包含了中國人所有世俗夢想的實現！

筆記

國家圖書館出版品預行編目資料

俗文學二十講——民俗與節慶／林保淳著. -- 初版. -- 臺北市：五南，2019.09
面； 公分
ISBN 978-957-763-646-1（平裝）

1.民俗 2.節日 3.中國文化 4.通俗作品

538.82 108014775

1XGL

俗文學二十講——民俗與節慶

作　　者 — 林保淳（144.3）
發 行 人 — 楊榮川
總 經 理 — 楊士清
總 編 輯 — 楊秀麗
副總編輯 — 黃文瓊
責任編輯 — 吳雨潔
封面設計 — 王麗娟
封面書法題字 — 黃明理
圖片來源 — 林保淳、林明鋒、吳佳臻、劉好音、IDJ圖庫
出 版 者 — 五南圖書出版股份有限公司
地　　址：106台北市大安區和平東路二段339號4樓
電　　話：(02)2705-5066　　傳　　真：(02)2706-6100
網　　址：http://www.wunan.com.tw
電子郵件：wunan@wunan.com.tw
劃撥帳號：01068953
戶　　名：五南圖書出版股份有限公司

法律顧問　林勝安律師事務所　林勝安律師

出版日期　2019年9月初版一刷
定　　價　新臺幣350元